イラストで見る 全活動・全行事の 学級経営のすべて

小学校 4年

若松俊介・樋口綾香 編著

東洋館出版社

はじめに

「学級経営、どうすればいいのかわからず不安だな」
「子どもたちの成長を支えたいのだけれどうまくいかない」
「もっとよりよい学級経営の在り方を見つけたい」
「１年間を見通すことで、安心して学級経営ができるようになりたい」
「ただただ、子どもたちと毎日を楽しく過ごしたい」
…など、さまざまな思いをもって本書を手に取ってくださったのではないでしょうか。子どもたちの成長を支えるための指導や支援に「○○がよい」といったものはありません。なぜなら、目の前の子どもたちの現在の姿によって、必要な指導や支援が異なるからです。

だからこそ、「これでいいのかな？」「どうすればいいのかわからない」といった不安や悩みが生まれて当然です。しかし、「『○○がよい』といったものがない」「わからない」からこそ生まれるおもしろさもあるはずです。「よりよい学級経営を」「よりよい指導や支援を」と試行錯誤する過程で、子どもたちから学ばされることがたくさんあるでしょう。私自身、不安や悩みを抱えつつ、「おもしろさ」と共に「よりよい学級経営」「よりよい指導や支援」を考えています。

「学級経営」は、子どもたちとの毎日に関わることです。１日でどうにかできることではありません。どうにかしようと思わない方がいいでしょう。できる限り長い目で考えるようにすることで「今、すべきこと」が見つかります。本書は「イラストで見る全活動・全行事の学級経営のすべて」ということで、４月から３月までの「子どもたちとの１年間」について書きました。子どもたちとの１年間を見通し、思いをめぐらすきっかけになればいいなと思います。

改めて、「学級経営」って何でしょうか。じっくり立ち止まって考えるとおもしろそうです。

・子どもたちのよりよい成長を支えるためにできることを探すこと
・子どもたちが気持ちよく過ごし、成長できる場をつくること
・子どもたちが過ごす場について、とことん考え続けること

…と、人によって「こういうことじゃないかな」ということが違うでしょう。

本書は、さまざまな考えをもった先生と共に書きました。だからこそ、私自身、他の先生の書かれていることを読んだり、対話したりする中で、改めて「学級経営って何だろう？」といった「問い」をもって考えるようになりました。「４年生」に限らず、他の学年の学級経営を考える時にもつながることです。その上で、「よりよい学級経営」を考えることができるでしょう。

本書をお読みになる皆様とも「『学級経営』とは何か」「よりよい学級経営」について、共に考えることができればうれしいです。どうぞよろしくお願い致します。

2023年３月　若松俊介

本書活用のポイント

本書では、４月から３月まで毎月どのような学級経営を行っていけばよいか、各月の目標・注意事項を解説しています。また、学級経営の具体的なアイデアを、イラストをもとに、どのクラスでも運用できるような形で紹介しています。是非、ご自身のクラスでも実践してみてください。

■本書の見方

月初め概論ページ

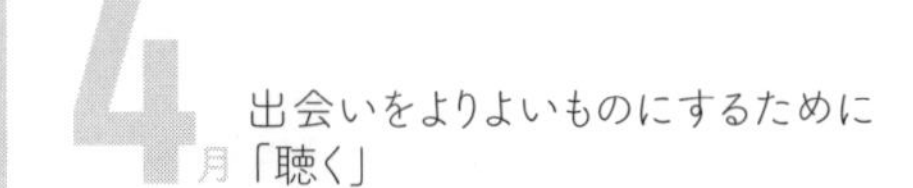

4月 出会いをよりよいものにするために「聴く」

▸４月に意識す❶と

・出会いをよりよいものにする
・「自分（たち）から始まる」ことを意識できるようにする
・子どもたちとの信頼関係を築く

４月の学級経営を充実させるために

●様々な「出会い」をよりよいものにしよう

子どもたちは「どんな人がいるのだろう？」「どんな先生だろう？」「どんな学級だろう？」…と、新しい学級での生活が始まることにドキドキしています。そんな子どもたちのあらゆる「出会い」をよりよいものにするための工夫を考えましょう。子どもたち一人一人が「優しそうな先生でよかった」と安心できたり、「新しい学級はおもしろそうかも」と期待をもてたりするようにしたいものです。

●学級の仕組みを「いっしょに考える」ことができるようにしよう

４月は、学級目標や係活動、当番活動などの学級の仕組みとなるものが決まる時期です。これら全てを教師が決めて子どもたちに与えるだけだと、子どもたちは他人ごとになってしまうでしょう。３年生までの経験を基に、子どもたちといっしょに考えることを大切にしたいものです。
「どんなことをしてみたい？」「どうすればいいかな？」と問いかけると、子どもたちは「こうしてみたい」「こうすればいいかも」と考えるようになります。学級のあらゆることが「自分たちから始まる」ことを意識できるようにします。

注意事項

「学級開きで大切なこと」「〇日間でこれをすべき」など、いろんなことを意識するかもしれませんが、その全てを完璧にこなそうとすると目の前の子どもたちのことを見られなくなってしまうおそれがあります。子どもたち一人一人との「出会い」の時間を何よりも大切にしましょう。

「問いかける」ことから始❷

▸ねらい

子どもたちに、「〇〇しましょう」「△△することが大事ですよ」と伝えるだけでなく、「どうしたの？」「どうしたい？」と問いかけることで、子どもたちは自分の内側に目を向けられるようになります。心の奥に込められた思いを聴いて受けとめられるようなきっかけをつくります。

内容

むやみやたらに問いかけるのではなく、教師が意図をもって問いかけることで子どもたちはより自分の内側にあるものに目を向けられるようになります。できることをいっしょに考えられるようにした上で、子どもたちが行動選択できるようにします。

意図	問いかけ
事実	どうしたの？
願望	どうしたい？
展望	どうすればうまくいくだろう？
具体的行動	まず、何から始める？
援助	先生にできることはある？
ふり返り	最近はどんな感じかな？

参考：鈴木義幸監修コーチ・エィ著『この１冊ですべてわかる　新版コーチングの基本』（日本実業出版社、2019年）

子どもたちなりに「こうしてみたい」「こうすればいいかも」と表出したものを大切に受けとめられるようにしたいものです。自分（たち）で考える癖が付くと、教師が問いかける必要がなくなります。

ポイント

・「伝える」も大事だけれど、それ以上に「聴く」が大事になります。
・決して、「問いかければよい」ではありません。「いっしょに考える」姿勢を忘れないようにしたいものです。
・「子どもたちなりに」がどんどん更新していくことを支えます。

20　4月　出会いをよりよいものにするために「聴く」　21

目標・注意事項

その月の学級経営での目標、考え方、注意事項を紹介しています。月ごとに何をやるべきなのかを学年で共有する際、このページが参考になります。１年間というスパンで子ども・クラスの成長を捉える中で、月ごとにPDCAを回していきましょう。

❷ 月のねらいに合わせた実践例

ここでは、その月のねらいを達成するために、オリジナルの実践例を紹介しています。教師の言葉かけから、ゲームなど幅広い内容となっています。自身の学級経営にマンネリを感じてきたら、是非、ここでのアイデアを実践してみてください。

学級経営アイデア紹介ページ

APRIL 4　4月

掃除指導①

▶ねらい

子どもが掃除活動での自分の役割を理解し、主体的に清掃活動に取り組むことができるようにするとともに、よりよい学級を目指す集団としての力を高める。

▶指導のポイント

清掃活動は集団で生活していく上で必要不可欠な活動です。意欲的ではない子もいますが、活動の意味を理解できる発達段階にあります。そこで、4月初めに「清掃活動をする意味」をクラス全体で考え、必要感を生むことが大切です。その上で、「きれいに」「早く」といった共通の目標を設定し、学級全員が責任をもって取り組むとともに、学級の一体感を生み出します。また、目標がある[illegible]、子どもたちから「もっとこうしたらいい！」という声を生みだすことができ、自主性を育むことにもつながります。4月段階だけではなく、1年間子どもたちとよりよい清掃活動を考えていくとよいでしょう。学期末の大掃除（P.94）では、子どもたちのアイディアを生かし、気持ちのよい学期末を送ることができます。

活動が分かれるため、子どもたちの動きも様々です。しっかりと個々の様子を見取り、よさを認めたり、問題が起きそうなときには関わりを行ったりする教師の関わりも不可欠です。

4

そうじをもっと　ごみのこる

早く　きれいにするには？

ほうき→声かけ
⇓
机出し
↑
終 手伝う
~~机の上にもの~~

ほうき　列になって
→同じ方向
ストローのふくろ
机出し→ならべる
4号車にそろえる

指導の展開 3

01 責任感と働くことの意味理解を

学級みんなが快適に過ごすために、一人一人が「みんなのために働く」という視点をもち、集団の一員としての自覚や責任感を育てていくことが大切です。「もし掃除をしなかったら？」「きれいな教室で過ごすとどう？」などと問い、清掃活動の必要感を生みます。

02 「きれいに」「早く」を合言葉に

清掃活動では、全員が働くことが望ましいですが、意欲に差があります。そこで、「きれいに」「早く」を合言葉に全員で行うことで、一体感が生まれます。子どもたちの「もっとこうしたらいい！」も生み出しやすく、自主的に動き出すことにつながります。

03 よさをしっかり見取る

清掃活動では様々な姿が見られます。丁寧に掃除する子、隅々まで磨く子、工夫をする子、手伝う子、自分以外の仕事にも取り組む子。それぞれの頑張りを見取り、声をかけたり、必要に応じて学級全体に広めたりすることでよりよい集団となります。

04 教師のプラス1

子どもたちでルールをつくり出すだけでは、経験が少なく難しい場合もあります。その際には、教師から助言をしたり学級に問いかけたりして、引き出すことを意識するとよいでしょう。

●時間短縮のプラス1
・初動が大切：ほうきや机出しを素早く
・手の空いた子からいつも時間のかかる活動をサポート
・ほうき当番が全体に声かけ：全体を把握し、声をかける

●きれいのプラス1
・黒板消しやレールの清掃の仕方
・机出しの基準：印や○号車に揃えるなどを明確に

38　4月　掃除指導①　　39

3 活動の流れ

紹介する活動について、そのねらいや流れ、指導上の留意点をイラストとともに記しています。その活動のねらいを教師がしっかりと理解することで、教師の言葉かけも変わってきます。この一連の活動で、その月の学級経営の充実を目指していきます。

4 中心となる活動・場面など

紹介する活動において、中心となる活動や場面、教材、板書例などに焦点を当て、活動の大切なポイントを解説しています。その後のゴールのイメージをもつ際に役立ちます。学級経営では、子どもの発言を受け止める、つぶやきを大切にする、温かな言葉かけが大切です。

もくじ

第4学年における学級経営のポイント

1

学級経営を充実させるために

1 学級経営の充実とは

まずは、タイトルにもある「学級経営の充実」に注目してみましょう。読者のみなさんは、どのようなことを「学級経営の充実」と捉えますか？

例えば、「学級経営の充実とは？」と問いを立てると、

・子どもたち一人一人が成長する
・子どもたち一人一人が毎日楽しく過ごせる
・学級が子どもたち一人一人にとって安心した場所になる
・子どもたちが協働して物事に取り組めるようになる
・子どもたちが自治的集団となる
・教師の願いと子どもたちの願いが重なる
・教師自身も毎日を充実して過ごすことができる

…など、様々な考えが生まれるのではないでしょうか。どれも大切なことばかりです。簡単に「学級経営の充実とは○○だ」とは言えません。教師が子どもたちの成長を願い、子どもたちが毎日過ごす学級をよりよいものにするために試行錯誤する過程で、少しずつ学級経営が充実するでしょう。

2 「学級経営で大事にしたいこと」をもつ

むやみやたらに「学級経営を充実させよう」と思ってもうまくはいきません。誰かの魅力的な実践を知っては、「あれもしたい」「これもしたい」となってしまいます。自分の中で「学級経営で大事にしたいこと」という芯がなければ道に迷ってしまうでしょう。

本書の執筆者に「学級経営で大事にしている（したい）こと」をたずねると、

・試行錯誤し、よりよいを更新する。一人一人が生きる。(坂本)
・民主と平和。そのベースとなる人権感覚を養うこと。(永井)
・主役は子ども。自分と友達を大切に。(佐野)
・「自分は案外やれるなあ」を実感する機会の確保と積み重ね。一人一人が認め合える集団。(小倉)
・安全に過ごす、楽しく過ごす。お互いを知る、思いやる。自分たちで話し合う機会も多く。(樋口)

・自律性と協働性を育てる。一人一人のよさが大切にされる。自分（たち）でよりよい世界をつくる。（若松）

と、答えていました。みなさんそれぞれ自分の言葉で「これを大事にしたい」というものを表現しているのが素敵です。決して、「○○さんの考えはよくない」「△△さんの考えは正解」なんてことはありません。それぞれの「大事にしたいこと」には重なりも見られます。

こうしたシンプルなことを言語化しようとすると、結構悩むものです。言語化する過程で、

・自分の大事にしたいことは何か
・子どもたちの成長をどのように支えるか
・よい学級とはどのようなものか
・１年後、どんな学級になっていてほしいか
・教師の役割とは何か

…といった「問い」が生まれるでしょう。これら一つ一つの「問い」と向き合うことで、「大事にしたいこと」がさらに深掘りされます。何度も考え続けることを大事にしましょう。

3 学級担任１人で何とかしようとしない

学級経営を充実させるのは、担任だけではありません。「教師１人」にできることには限りがあります。学校中の先生、子どもたち、保護者などといっしょになって学級経営を充実させる意識をもちましょう。「いっしょに」という意識を忘れずにいると、気持ちがふっと楽になるはずです。「学級経営が充実する」とは、「教師１人が頑張りすぎない学級になっていく」ということでもあります。子どもたちと教師が過ごす「学級」という場所を、そこにかかわり合う人たち同士がともによりよい場所にしていけるようにしたいものです。

その中で、改めて「教師がすべきこと」「私ができること」に目を向けられるようにします。教師である私だからこそできることがあるはずです。

「子どもたちが育つために教師（私）ができることは何だろう？」
「よりよい学級づくりに向けた教師（私）の役割とは何だろう？」

といった「問い」を大切にしながら、よりよい指導や支援等を追究し続けるようにします。

こうした「問い」に答えなんてありません。日々子どもたちとともに過ごす中で「○○すればよいかも」「△△が大事だなぁ」…と、少しずつ確からしいものを見つけられるでしょう。そんな自分を大事にすれば、子どもたちから教えられたり学ばされたりすることが増えます。

決して「充実させないといけない」「自分の学級経営はよくないのでは…」と焦る必要なんてありません。それよりも「できること」「できるようになったこと」を少しずつ積み重ねていきましょう。子どもたちとともに一歩一歩じっくりと進む中で「充実」が生まれます。本書が、そんな先生を支えるものになればいいなと思います。

4年生の担任になったら

1 子どもたちを注意深く見守ろう

9歳以降を小学校高学年の時期と捉えます。幼児期の特徴を残しながら成長する低学年の学童期を終え、物事をある程度客観的に認識するようになります。そのため、好きなことをとことん追求したり、自分の得手不得手を理解しながら他者と協働的に学んだりすることもできるようになります。

4年生は好奇心旺盛で、パワーを前向きに発揮できれば、大きく成長する姿を見ることができるのです。

一方で、「9歳の壁（10歳の壁）」や「ギャングエイジ」と言われるのもこの学年の特徴です。探究的かつ創造的に学んでいこうとすればするほど、これまでの学習の基盤が重要になってきます。自己肯定感をもって意欲的に学んできた子どもがさらに飛躍する一方で、自分に自信がもてずに他者と比較して、劣等感を抱く子どもが生まれてしまうのが「9歳の壁」の特徴です。また、保護者や教師の管理下から離れて行動し、社会性や協調性を身に付けていくことは大変重要な経験ですが、必ずしもプラスに働くとは限りません。

このような時期の子どもたちと過ごす4年生の担任は、**刻一刻と変わる子どもたちの言動を注意深く見守ること**が大切です。問題が表面化していなくても、前兆がどこかに表れていることが少なくありません。様々な出来事に対して敏感に感じる4年生の子どもたちを受け入れつつも、ほどよい距離感で適切に子どもたちを導いていけるように、見通しをもち、落ち着いて子どもたちに接するようにしましょう。

2 一人一人に寄り添う

先に述べたように、4年生の1年間は、とても飛躍的な成長が期待できます。そのカギになるのが、自己肯定感です。

自己肯定感とは、自己の在り方を積極的に評価できる感情、自分自身の価値や存在意義を肯定できる感情などを意味する言葉です。

ここで大切にしたい考えは、自分の能力が高いと誇れることが自己肯定感につながるのではなく、

自分がそこに存在してもよいと思えること、自分にはそれほど得意なことはなくても、大事にされていると感じることではないでしょうか。

子どもの自己肯定感を高めていくためには、**子どもたちが学校に来たくなること、学級に安心していられること**が非常に大事な要素となります。担任は、一人で多くの子どもたちを見なければいけませんが、子ども一人一人に寄り添う気持ちを忘れずにいたいものです。

3 つながりをつくる —自分・友達・学級・学年・学校—

自分自身を客観的に捉えられるようになった子どもたちに、視野を広げる視点を与えることで、常に成長を実感しながら安心して前進できるようにします。

そこで、自分自身を見つめる取り組み、同じクラスの子どもたちとつなぐ取り組み、学年をつなぐ取り組み、学校と子どもたちをつなぐ取り組みを、年間を通して考えます。

決して、「独り」「独クラス」にならないよう、協働的に学ぶことを大切にしてつながりを広げていきましょう。

おすすめは、「個人目標の設定」「１年間のスケジュール確認とクラスの在り方を子どもと相談」「学年イベントの開催」「低学年に読み聞かせ」「社会見学での学びを学校掲示板で発信」などがあります。年間を通して実施することで、一つ一つの経験が積み重なり、周りの人に感謝する気持ちをもったり、成長する自分や仲間に気付いたりできるでしょう。

4年生と言葉かけ

1 言葉を交わす環境づくり

少しずつ自分のことを話さなくなってくる４年生。低学年のときは、気になったことはすぐに話していた子どもも、我慢したり、気にしないふりをしたりしてしまうこともあります。

親や教師に頼らずに自分で解決したい気持ちがある一方で、頼りたくなる気持ちも抱えており、思いをストレートに表せない子どもが増えてきます。うまく気持ちを出せないことで、孤独を感じてしまうと、信頼関係がうまくつくれません。

４年生の子どもたちと信頼関係をつくるためには、**普段から子どもたちと多くの言葉をやりとりできる環境を大切にします**。

・積極的に挨拶をする
・休み時間に教室にいる
・いっしょに子どもと遊ぶ
・子どもの興味があることを知る
・習い事や休日の出来事にも関心を示す

などのように、子どもたちが言葉を交わしたくなる状況をつくります。そして、子どもたちが話してよかったと思えるように、私たち教師がリアクションを取ることが大事です。ここで注意したいのは、「子どもの話を評価しない」ということです。小さなことでも「話してくれてありがとう」という気持ちをもち、必ずリアクションを取ります。私が心がけているリアクションは、

・相槌を打つ
・表情豊かに聴く
・驚いたり、感心したりする
・質問する
・認める
・提案する

というものです。「提案する」は、子どもたちが話してくれたことが、学校生活にも生かせる場合などに、「みんなに伝えてみたら？」とか「今度みんなでしてみようか」と声かけをすることです。家庭や子どもたちの生活と学校をつなぐ機会があれば、積極的に声をかけるようにしています。

2 言葉で育てる

言葉を交わす環境をつくれてきたら、言葉によって子どもたちの行動を支えたり、促したりできる言葉かけを意識します。

４年生の子どもが次のような話をしてきました。

「マラソン大会で目標にしていた20位以内に入れなかったのが悔しい。あんなに頑張ったのに…」

子どもは、とても悔しがっているようです。みなさんなら、どんなリアクションをして、どう言葉をかけますか。

まずは、悔しい気持ちに寄り添って、ひたすら話を聴くようすることが大切です。聴いてもらえるという環境が、子どもの安心感につながります。できれば、椅子に座らせて、先生は対面ではなく、横に座って話を聴くことで、子どもも落ち着いて話ができるでしょう。

そして、子どもの話の邪魔をしない程度に、相槌を打ちます。悔しい気持ち以外に、まだ伝えられていない気持ちがあるかもしれません。注意深く、子どもの表情を見ながら話を聴き、必要があれば質問をして、気持ちを引き出してあげましょう。

子どもの話は、「結果を評価する」のではなく、「過程を評価する」ことを意識すると、よい行動や別の考え方を生み出すきっかけになります。この場合は、「20位以内に入れたからすごい」「入れなかったから駄目だ」ではなく、「20位以内に入るために、どんなことをしたか」「悔しい気持ちとともに得たものはないか」と考える機会を与えるようにします。

結果に固執していては、私たち教師がかける言葉も、よいか悪いかの二択になってしまいます。過程に着目することで、子どもたちの行動の選択肢を増やしたり、結果が出なくても努力したことが成長につながると気付かせたりすることができます。

「○○しなさい」や「よい・悪い」という言葉かけではなく、「あなたはどうしたいの」「○○と考えることもできるよ」と、子どもたち一人一人を尊重したり、物事を多面的に見たりする言葉かけを意識しましょう。

４年生の子どもとの学級システムづくり

1 生活指導とは

生活指導とは、教育課程で教科外活動に主に位置付けられる教科・科目以外の方法で、子どもの意識や生活態度・行動などを指導・助言する活動のことをいいます。子どもたちが、授業以外の場面で生き生きと学校生活を送るためには、適切な生活指導が重要になります。

子どもたちが、よりよい学校生活を送っていくためには、どのように生活指導をしていくことが望ましいのでしょうか。

2 有意義な生活指導とは

子どもの意識や生活態度・行動などへの指導・助言は、**プラスに働けば、子どもたちを育てる言葉になり、マイナスに働けば、教師への反発や学級崩壊へ**とつながります。マイナスに働いてしまう要因は、学級システムや教師の指導方法にあることが少なくありません。マイナスに働いてしまう要因を見極めて、子どもが育つ生活指導へとつなげましょう。

3 学級システム

当番活動や一日のルーティンの流れを学級システムといいます。子どもたちの一日と学級システムを見てみましょう。

<table>
<tr><th>時刻</th><th>活動内容</th><th>学級システム</th></tr>
<tr><td>8：00</td><td>登校</td><td>朝の準備・片付け・宿題の提出</td></tr>
<tr><td>8：25</td><td>朝の会・朝学習</td><td>日直当番・朝学習・１時間目の用意</td></tr>
<tr><td>8：45</td><td>１時間目・２時間目</td><td rowspan="3">休み時間の過ごし方のルール
当番活動の仕事（黒板消し・宿題チェック・配りもの等）</td></tr>
<tr><td>10：25</td><td>業間休み</td></tr>
<tr><td>10：45</td><td>３時間目・４時間目</td></tr>
<tr><td>12：25</td><td>給食</td><td>給食当番</td></tr>
<tr><td>13：00</td><td>掃除</td><td>掃除当番</td></tr>
<tr><td>13：15</td><td>昼休み</td><td rowspan="2">休み時間の過ごし方のルール
当番活動の仕事（黒板消し・宿題チェック・配りもの等）</td></tr>
<tr><td>13：35</td><td>５時間目・６時間目</td></tr>
<tr><td>15：15</td><td>終わりの会・下校</td><td>日直当番システム・帰る用意</td></tr>
</table>

一日の流れを見てみると、子どもの活動には、少なからず学級システムが影響していることが分かります。自分たちで、いつ、何をするべきか分かっている場合は、教師の指示なく動くことができます。しかし、学級システムが子どもたちに理解されていない場合は、指示や指導が増え、どんなことも「やらされている感覚」になってしまいます。

子どもたちの行動を一つ一つ指示する行為は、生活指導がマイナスに働く要因になります。有意義な生活指導を行うためには、子どもたち自身に、学級のために行動することの大切さを教え、自主的な行動ができるシステムを構築しましょう。学級システムは、全てを教師がつくるのではなく、子どもたちと協働してつくることを勧めます。

4 教師がつくる学級システムの例

登校後のルール
① 宿題と健康観察シートを出す。
② 鞄を片付け、引き出しを整理する。
③ 日直は「今日のめあて」を書く。
④ 8時25分から朝学習。

休み時間のルール
① 次の授業の準備をする。
② 雨の日は、教室内で静かにできる遊びをする。
③ 廊下で遊ばない。
④ チャイムが鳴り終わるまでに着席。

朝の会のルール
① 日直が司会・進行。
② 朝のあいさつ。
③「今日のめあて」を発表。
④ 2分間ペアトーク。
⑤ 8時30分から朝学習。

終わりの会のルール
① 日直が司会・進行。
②「今日のめあて」に対するふり返りをする。
③ 当番・係からの連絡。
④ 帰りの挨拶。

上記の学級システムは、学校でルールが決まっていることも多いので、4月の職員会議の議案や学年団で確認をしてルールを決めるとよいでしょう。

5 子どもと協働してつくる学級システムの例

「日直当番は、どんな仕事をする？」

「係活動はどんなことがしたい？」

「学級にはどんな当番が必要かな？」

当番活動は「学級のために必要な仕事」、係活動は「学校生活をより充実したものにするための活動」と子どもたちと共通理解します。そして、これまでの経験を子どもたちに尋ねながら、どんな当番が必要か話し合ったり、どうすれば当番活動が円滑に進んでいくかをみんなで考えたりする時間をつくります。

うまくいかないことが起きた場合は、その都度話し合うようにすると、子どもたちの主体性がより高まるでしょう。

学級経営計画

1 「学級経営で大事にしたいこと」を基に1年間の見通しをもつ

学級経営計画といっても堅苦しく考える必要はありません。「学級経営で大事にしたいこと」を基に１年間の見通しをもつようにします。もちろん、計画ですから「４月には○○をして」「７月には△△をして」と細かく考えることも大切です。細かく考えるからこそ、できることもあるでしょう。ただ、それだけでなくて１年間を通してどのように子どもたちの成長を支えたり、学級をつくったりするかを考えるとよいでしょう。

なぜなら、子どもたちの現在地によって必要な指導や支援、学級での取り組みなどが変わるからです。あまりに決めすぎてしまうと、目の前の子どもたちの姿を無視することになったり、計画通りに進んでいないことに焦ったりしてしまいます。それよりも、「学級経営で大事にしたいこと」を基に見通したことをうまく生かしていきましょう。

2 大きく3つのステップに分けて考える

例えば、私（若松）が学級経営で大事にしたいことは、「自律性と協働性を育てる。一人一人のよさが大切にされる。自分（たち）でよりよい世界をつくる。」です。まずは、「大事にしたいこと」をじっくりと考えます。

その上で、１年間を見通して下図のように大きく３つのステップを考えます。

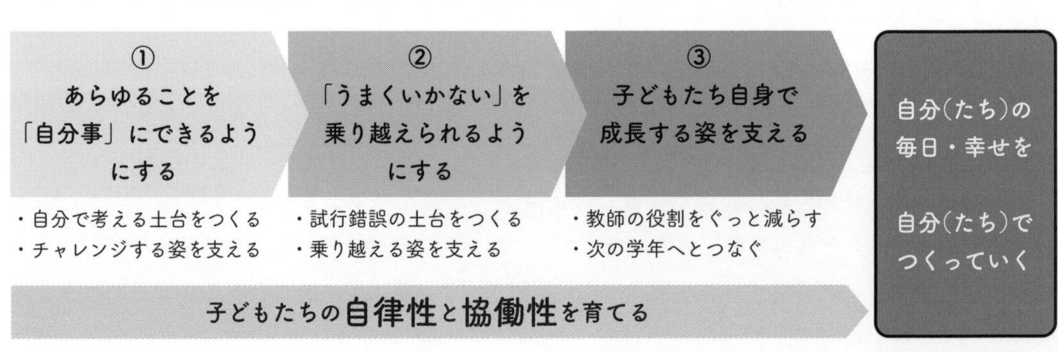

このように考えることで、１年間の大まかなイメージを捉えることができるようになるでしょう。

１年後の子どもたちの姿（学級経営で大事にしたいこと）を基に、さらに細かな「大事にしたいこと」が見つかります。

そこから、「４月はこんなことをしようかな…」「ステップ②に進んできているから、次はこんな指導や支援をしよう」と考えることができます。10月に取り組もうと思っていたことが11月になっても構いません。目の前の子どもたちの姿を基に臨機応変に対応していきましょう。

また、実際には左ページの図のようなステップの進み方をするわけではありません。それぞれのステップで大事にすることが絶えず重なりながら進むでしょう。私の学級では、よく下図のような重なりを見せながら進みます。これでもまだ綺麗すぎるかもしれません。

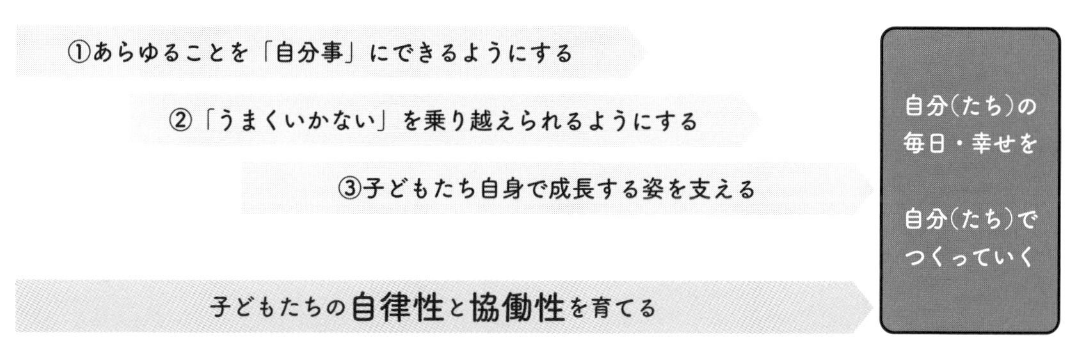

参考：若松俊介著『教師のいらない学級のつくり方』（明治図書、2021年）

3 実際に3つのステップに分けて考えてみよう

みなさんも、「学級で大事にしたいこと」を基に３つのステップを考えてみましょう。実際に書いてみることで、改めて「大事にしたいこと」が見つかるでしょう。それを基に本書の各項目をお読みいただければと思います。

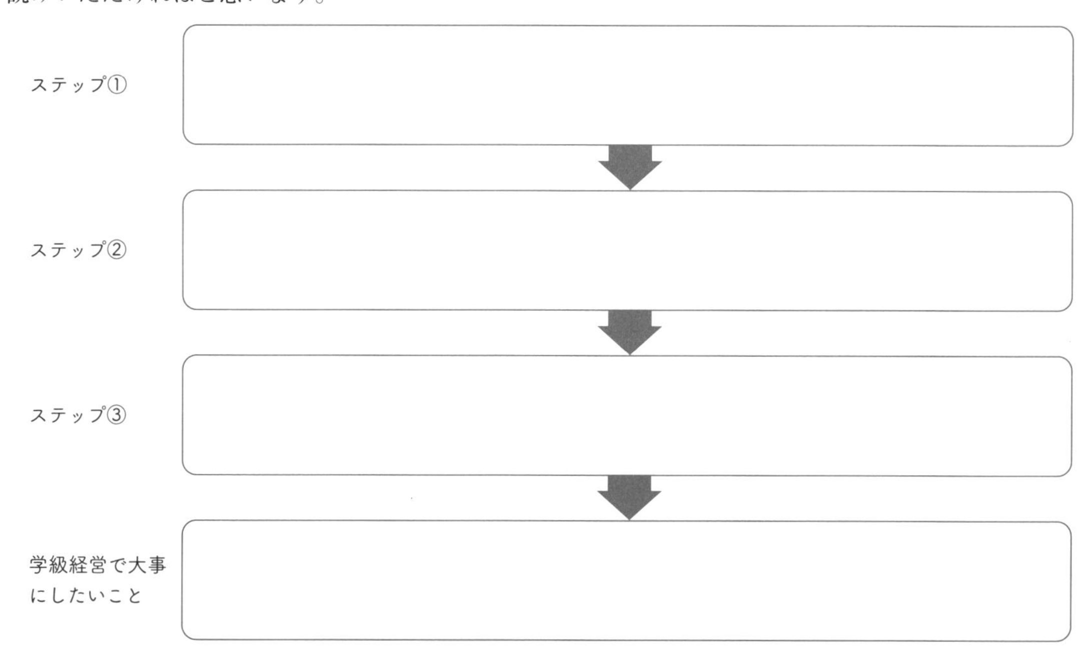

第4学年の学級経営

2

4月 出会いをよりよいものにするために「聴く」

▶４月に意識すること

・出会いをよりよいものにする
・「自分（たち）から始まる」ことを意識できるようにする
・子どもたちとの信頼関係を築く

４月の学級経営を充実させるために

●様々な「出会い」をよりよいものにしよう

子どもたちは「どんな人がいるのだろう？」「どんな先生だろう？」「どんな学級だろう？」…と、新しい学級での生活が始まることにドキドキしています。そんな子どもたちのあらゆる「出会い」をよりよいものにするための工夫を考えましょう。子どもたち一人一人が「優しそうな先生でよかった」と安心できたり、「新しい学級はおもしろそうかも」と期待をもてたりするようにしたいものです。

●学級の仕組みを「いっしょに考える」ことができるようにしよう

４月は、学級目標や係活動、当番活動などの学級の仕組みとなるものが決まる時期です。これら全てを教師が決めて子どもたちに与えるだけだと、子どもたちは他人ごとになってしまうでしょう。３年生までの経験を基に、子どもたちといっしょに考えることを大切にしたいものです。
「どんなことをしてみたい？」「どうすればいいかな？」と問いかけると、子どもたちは「こうしてみたい」「こうすればいいかも」と考えるようになります。学級のあらゆることが「自分たちから始まる」ことを意識できるようにします。

注意事項

「学級開きで大切なこと」「〇日間でこれをすべき」など、いろんなことを意識するかもしれませんが、その全てを完璧にこなそうとすると目の前の子どもたちのことを見られなくなってしまうおそれがあります。子どもたち一人一人との「出会い」の時間を何よりも大切にしましょう。

「問いかける」ことから始まる

▶ねらい

子どもたちに、「○○しましょう」「△△することが大事ですよ」と伝えるだけでなく、「どうしたの？」「どうしたい？」と問いかけることで、子どもたちは自分の内側に目を向けられるようになります。心の奥に込められた思いを聴いて受けとめられるようなきっかけをつくります。

内容

むやみやたらに問いかけるのではなく、教師が意図をもって問いかけることで子どもたちはより自分の内側にあるものに目を向けられるようになります。できることをいっしょに考えられるようにした上で、子どもたちが行動選択できるようにします。

意図	問いかけ
事実	どうしたの？
願望	どうしたい？
展望	どうすればうまくいくだろう？
具体的行動	まず、何から始める？
援助	先生にできることはある？
ふり返り	最近はどんな感じかな？

参考：鈴木義幸監修コーチ・エィ著『この1冊ですべてわかる　新版コーチングの基本』（日本実業出版社、2019年）

子どもたちなりに「こうしてみたい」「こうすればいいかも」と表出したものを大切に受けとめられるようにしたいものです。自分（たち）で考える癖が付くと、教師が問いかける必要がなくなります。

ポイント

・「伝える」も大事だけれど、それ以上に「聴く」が大事になります。
・決して、「問いかければよい」ではありません。「いっしょに考える」姿勢を忘れないようにしたいものです。
・「子どもたちなりに」がどんどん更新していくことを支えます。

教室準備

ねらい

子どもが安心・安全に生活できるとともに、年間を通して、教育活動を機能的に行うことのできる環境を整える。

教室に入ってすぐに先生の机を置くと、全体を見渡せる＆安全管理にgood！

教室環境を整えるポイント

教室環境を整える際は、以下の点に留意します。

- 不必要なものはないか
- 教師用の机の配置
- 教師用の棚に何を入れるか
- 教室前面には掲示物を貼らない
- どこに何を掲示するのか
- ロッカーに何を入れるのか
- 何を教師で預かるのか
- 絵の具などはどこに置くか

（左）クールダウンできるスペースを確保して安心して過ごせるように

（右）大きな音をテニスボールで回避

教室準備のポイント

01 安全が最優先

教室準備をする上で、何よりも優先しなければならないことが安全面です。「窓から落ちないだろうか」「頭をぶつけて怪我をすることはないだろうか」「学校全体で、配慮されている安全面をクリアできているだろうか」といった点を考えることで、未然に事故を防ぐ準備ができます。

例えば、先生の机の配置です。一般的には、教室の奥に配置されていることが多いと思います。しかし、教室の入口側に配置することで、教室だけでなく、廊下の子どもの様子を知ることができます。また、教室に来た人物と最初に教師が関われるので、不審者の侵入を防ぐことにもつながります。

02 安心できる場所に

教室が、子どもにとって居心地のよい空間であることは非常に重要です。そのためには、前年度からの引き継ぎを踏まえて、個に応じた教室準備をします。

例えば、学級に大きな音に敏感な子どもがいる場合は、机や椅子の脚にテニスボールを付けることで、その子にとって不快な音を消すことができるかもしれません。パニックを起こしてしまう子どもがいる場合には、クールダウンできるスペースがあるとよいかもしれません。

このように、自分の学級の「その子」をイメージした準備を進め、子どもにとって辛いことを少しでも減らしておきましょう。

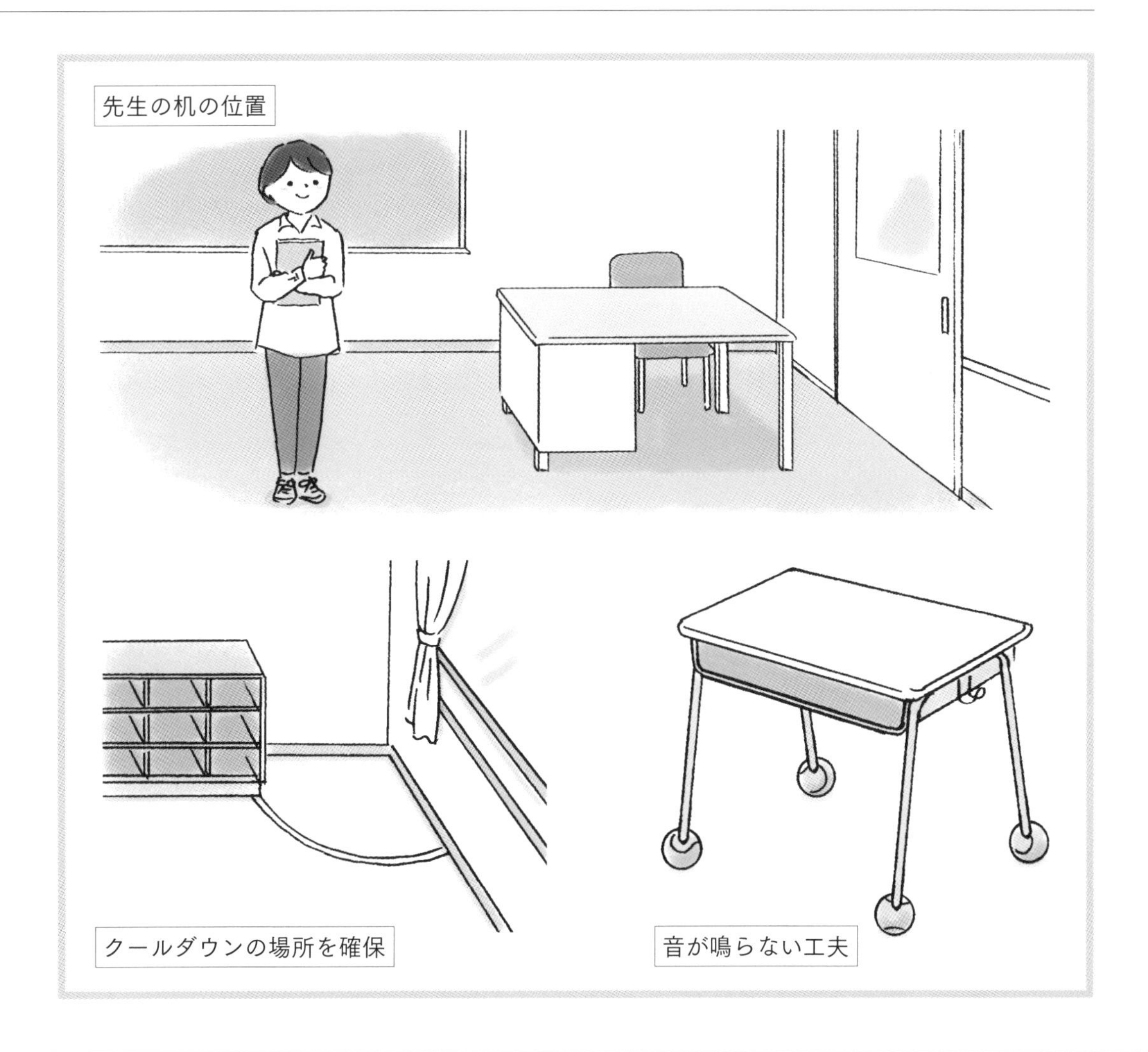

03 年間の活動を意識して

年間行事予定を見て「どのような行事があるんだろう？」、教科書の目次を見て「どのようなことを学ぶのかな？」と年間の活動を意識すると、それに応じた物などが準備できます。

例えば、「読書活動を進めたい。」と思えば、４年生は、小説好きがいたり、絵本好きがいたりと本の種類が分かれてきます。このような点を踏まえると、学級文庫が変わってくるのではないでしょうか。また、図工の作品や係活動関係などといった掲示の場所もある程度は決められます。「４年生にもなると、係活動は自主的に進むだろうから、大きめの掲示板を子どもに委ねてみようかな」と考えられます。

04 年度途中に変えてよい

01〜03のようなことを考えて、教室準備を進めてスタートしても、子どもとの生活の中で、ときには、「この教室レイアウトは、合っていないんじゃないかな？」と考えましょう。あるいは、子どもと一緒に考えてみましょう。

大事なことは、教室環境に子どもを合わせるのではなく、子どもに応じて教室環境を変えることです。「教室とはこういうものである」「教室環境を変えるなんて…。」という慣例や固定観念は捨てて、その子どもや学級に合った教室にしていきましょう。

他の学級を参考にすることも一つです。その際は、「なぜ、そのような教室環境にしているか」を担任の先生に聞いてみましょう。

教室掲示①

ねらい

子どもたちの目線に立った学級掲示の在り方を考え、1年間の掲示の計画を立てる。

指導のポイント

担任する学級の教室を確かめるとき、
① 掲示板の位置と数
② 掲示板の素材・材質
③ 掲示する内容・レイアウト
などを検討しましょう。

異動してきたばかりのときは、想像しづらいので、周りの先生方に尋ねてみるといいですね。

教室掲示のポイント

01 掲示板の位置・数や素材

多くの教室では、前面（黒板上）や黒板横、廊下側の壁、教室後面が、掲示板になっているのではないでしょうか。

学校によっては、前面（黒板上）には掲示物を貼らないということもありますね。

掲示板の素材としては、ホワイトボードの場合は磁石やマスキングテープ、板の場合は画鋲やマスキングテープで掲示することが多いでしょう。

それぞれの学校によって、掲示物の約束やルールがあるので、周りの先生方に尋ねておくと安心です。

02 掲示する内容やレイアウト

掲示する内容としては、
①年間を通して掲示するもの
（学級目標、当番表、時間割表など）
②学習に関わる掲示物
（各教科の掲示、係活動の掲示など）
③個人の作品や掲示物
（ワークシート類、図工や書写の作品など）

これらの３つを、どこに、どれだけの期間、掲示するのかを考えて、掲示する位置（レイアウト）を決めましょう。

４月当初は、何も掲示していなくても大丈夫です。１カ月間をめどに、教室掲示を考えてみるといいですね。

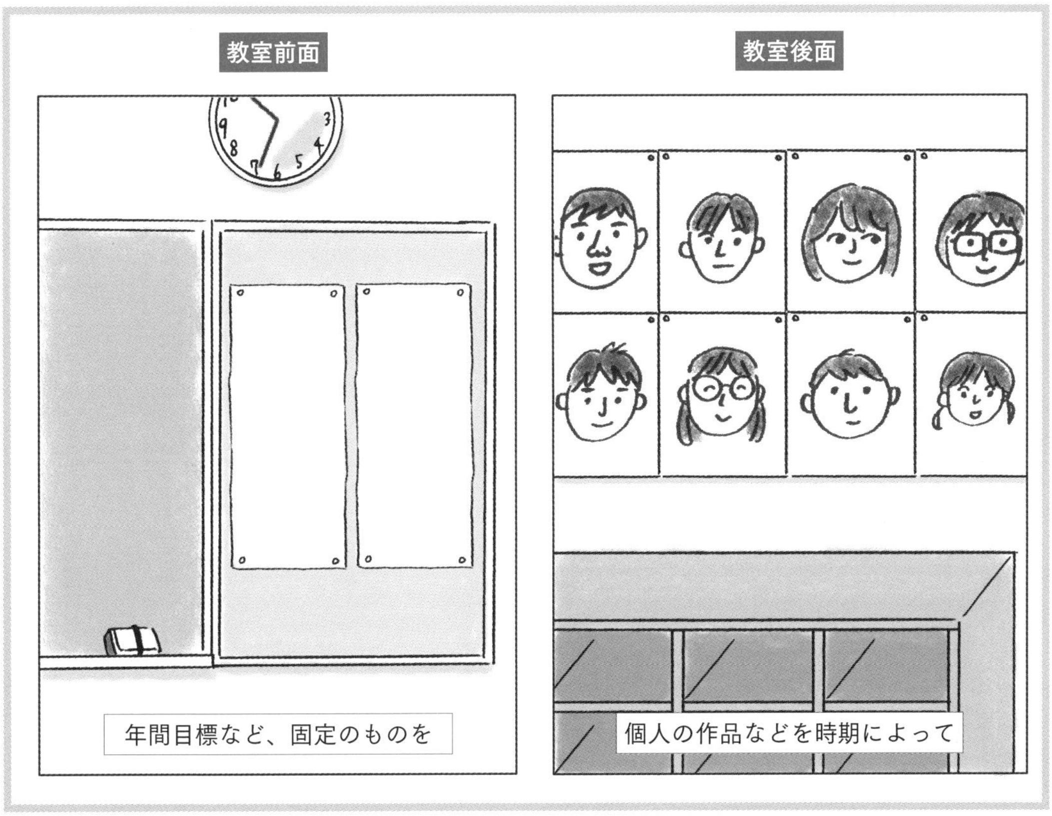

教室前面

年間目標など、固定のものを

教室後面

個人の作品などを時期によって

03 子ども目線でのレイアウトへ

子ども目線で考えたとき、何度も何度も内容が変わるもの（02で挙げた②③）は視野に入りづらいところ、つまり、教室後面に掲示するようにしています。子どもたちが授業に集中しやすい環境にするためです。

また、学校目標や学級目標のように、年間を通して貼り続けるものは、内容が変更されず、子どもたちの中でも固定化され（そういう壁だという認識になり）、前面に貼っていても大きく影響しないでしょう。

注目してほしいものは、子どもの目の高さで近くに、注目する機会が少なくてよい場合はなるべく遠くに、という意識でレイアウトを考えてみましょう。

04 掲示物の「色」も意識する

明るい教室にしたいから、掲示物で使う色も明るい色に！という思いもあるでしょう。実は、色がもたらす影響（色彩心理）は少なからずあります。

①明るめの色（赤・橙・黄）
…元気さ、力強さ、あたたかさなど

②暗めの色（黒、紫、紺、青、緑）
…落ち着き、安らぎ、平和など

担任の先生が目指す学級像に合わせて、あえて色を選んでみてはどうでしょうか。私のおすすめは、薄紫、薄黄色のパステルカラーです。見ていても、落ち着きがあり、重く感じません。子どもたちの作品を支え、主張しすぎない色です。

始業式・学級開き

ねらい

期待と不安を抱えた子どもたちが安心と一層の期待をもてる出会いの場をつくることで、気持ちのよい１年間のスタートを切る。

指導のポイント

環境の変化に不安と期待をもって登校する子が多くいます。進級や学級（担任や友達）への安心や期待をもてるよう関わり、「今年１年を楽しく過ごすことができそう！」という思いをもてる場となるような関わりを目指します。そのために、担任の自己紹介だけでなく、思いを伝える場や一人一人の見取りが大切です。「笑顔で帰す」を目標に、１年間のスタートを切りましょう。

活動の留意点

01 新年度への安心と期待を

「４年生、うまくやれるかな」「新しい先生はどんな先生かな」「去年はこうだったけど…」子どもたちは様々な気持ちで始業式を迎えます。まずは「安心」をもたらす出会いをしましょう。担任の自己紹介はもちろん、子どもたちへの期待を伝えると安心感が生まれます。始業式の様子や前担任からの見取り、昨年の様子から今年１年の期待を担任から伝えるとよいでしょう。

４年生の具体的な活動を知ることでより一層「今年は楽しくなるかも」と期待値を高めることができます。まずは子どもたちに「今年楽しみなことはある？」と聞いてみるのがよいでしょう。よく挙がるものは、

●クラブ活動
●高学年の仲間入り
●現地学習

などです。

子どもたちから出たものを生かして、「どのようなクラブがありそう？」などとよりイメージを膨らませたり、その他の活動を取り上げたりすることで一人一人が楽しみを見いだせるようになります。

また、低学年・高学年と分けた際には高学年の仲間入りとなります。「低学年のお手本」ということを意識し、今まで積み上げてきたものを発揮できるよう伝えていくことで、下級生や全校を意識するようになり、５年生にもつながっていきます。

4年生スタート！

昨年はみなさんの「今年がんばろう！」という気持ちがよく伝わりました。
たくさんチャレンジして、一人一人が力を付ける
楽しくて最高の1年にしましょう。（私はそれを全力で手伝います。）

4年生の行事

5/19	クラブ	7/14	現地学習	2/9	○○○○○フェスティバル
5/28	○○会	10/15	○○発表会	3/25	修了式
6/25	遠足	11/12	現地学習		

02 一人一人を丁寧に見取り、笑顔で帰す

期待や不安など様々な気持ちを抱えて登校してきた子どもたちの姿があります。新年度への期待が大きい子がいる一方で「前の担任の先生や仲の良い友達と離れてしまった」「昨年はうまくいかなかったけど、今年はどうかな」といった気持ちを抱えている子もいます。そのため、クラス全体の雰囲気だけでなく、一人一人の様子を見取ることも大切です。初日だけでは難しい部分もありますが、継続的に見取りを行い、関わっていくことで、一人一人が生き生きとした学校生活を送ることにつながっていきます。

一人一人の様子を見取り、下校までに声をかけたり、楽しめる活動を用意したりして、笑顔で「先生さようなら」と下校すれば大成功です。下校時には玄関まで見送り、一人一人の顔を見て、一言声をかけましょう。

保護者の方も、新年度の子どもの様子をとても心配しています。４年生頃から家庭で学校の様子を話さなくなる子も増えてくるようです。下校前に「お家の方に今年の楽しみ伝えてね」と会話を促す関わりをしてもよいでしょう。帰宅後「今年も楽しそう！」と子どもの生き生きとした姿を見れば、保護者の方も安心して、今後の教育活動にも協力的になってくれます。

学級目標の話し合い

ねらい

学級目標作成の話し合いを通して、子どもたち一人一人が集団（学級）に対してどのような思いや願いをもっているのかを確認し合い、認め合うことができる場をつくる。

指導のポイント

まずは、子どもたち一人一人がもつ思いや願いを聴き合う場づくりが大切です。新しいクラスになったばかりでまだ緊張感がある４月。子どもたちにとって、思いや願いが伝えやすい雰囲気づくりが重要です。例えば、机を端に寄せて一つのサークルをつくり、みんなの顔を見合いながら話す活動などをするとよいでしょう。事前に話し合いをすることを伝えておき、自分の考えをもって参加できるようにすることも大切です。

子どもたちから出される願いや思いは様々です。それらを無理やり一つにまとめようとすると、何を大切にしたいのかが分かりにくく、形だけの「お飾り目標」になってしまう可能性が高くなります。まとめることを急がずに、数回に分けて話し合いをするなど、柔軟に活動を進められるようにするとよいでしょう。全員が真剣に向き合い、時間をかけていっしょにつくった目標なら大切にできるはずです。

また、子どもたちからは「仲良く」「思いやりのある」「がんばる」など、抽象的な言葉が出ることが予想されます。その際、「仲良くするってどんなことかな？」「友達を思いやるってどんなことかな？」「みんなでどんなことをがんばりたいのかな？」と問い返し、具体的なイメージを共有していくようにするとよいでしょう。

活動の展開

01 学級への願いや思いを考える（１日目）

学級目標をつくるための話し合いをすることを伝え、「こんなクラスになったらいいなという願いや思いはありますか？」と問いかけます。考える時間を取り、必要に応じてペアトークやグループトークを取り入れながら、全員での話し合い（後日）への準備をします。

02 一人一人の思いを聴き合う（２日目）

全員でサークルをつくり、一人一人の思いや願いを聞き合います。発表者以外は発表者の顔を見て静かに聞くことなど、事前に気を付けることを伝えておきましょう。教師もサークルに入って、聞く姿のモデルを見せます。メモを取ることも忘れずに！

03 学級目標をつくる（3日目）

一人一人から出された思いや願いを板書し、分類・整理していきます。抽象的な言葉については具体的なイメージを問いかけ、全員で共有できるようにします。その中で、みんなで大切にしたいことを選んでいき、つくり上げていきます。

04 活動をふり返る

完成した学級目標を確認し、目標達成に向けて一人一人ができることを考えたり、学級目標ができあがるまでの過程をふり返って、思ったことなどを書いたりする時間を設けます。定期的に全員で目標の到達度を確認することも伝えます。

4月 5月 6月 7月 8月 9月 10月 11月 12月 1月 2月 3月

朝の会

ねらい

1日を気持ちよくスタートできる場をつくるとともに、日直の活動を通して、一人一人の責任感を育てる。

指導のポイント

朝の会で大切なポイントは以下の3つです。

① 気持ちよく1日をスタートする

② 日直は1日のリーダーとして活躍

③ 子どもたちとともにつくる

4月の段階で学級にねらいを伝えるとともに、今までの朝の会を基によりよい朝の会をつくっていきましょう。先生は「1日の見通しを示す」「子どもの様子を見取る」ことが大切です。

活動の展開

01 朝の会の目的を共有する

「1日を気持ちよく始めるための会」という目的を伝えます。そのためにどのようなことができるか子どもたちと話し合いながら、よりよい朝の会を子どもたちとつくり上げていきましょう。

02 日直の役割

日直は「1日のリーダー」として学級を高めていきます。朝と帰りの会のメニューを決めたり、時間や当番活動でも必要に応じて声をかけたりすることで、全体に目を向ける力や責任感を育てていきます。緊張して過ごす子も多いため、関わりが必要です。

朝の会の様子

朝の会プラス１メニュー

朝の会メニュー

〈朝の会 プラス１〉
- 漢字サバイバル
- 体操
- 100ます計算
- 今日のトークテーマ

「今日も一日、がんばりましょう」

その日の予定によって、自由に選べる「プラス１メニュー」を用意するのがおすすめです。

03 いつものメニューにプラス１

子どもたちは３年間の朝の会の文化があります。教師が与えるのではなく、話し合いの中で、どれを取り入れていくかを決めていくのがよいでしょう。子どもたちの発想や自主性を育てるために「１日を気持ちよく始められるメニュー」を足していく方法もあります。「今日は漢字テストがあるから朝は漢字クイズ」などのように、日直が理由をもって決めることで、子どもたちがつくる雰囲気を高めていきます。以下は子どもが考えたプラス１の例です。

- 漢字サバイバル
- 計算特訓
- 体操〜体育で必要な動きに合わせて〜
- 話題を決めた話し合い活動

04 朝の様子を見取る＋１日の見通し

放課後や家庭での朝の過ごし方によって、前日の様子とは大きく変わっている子もいます。先生は一人一人の様子を丁寧に見取り、１日の関わりを考えましょう。また、１日の予定を簡潔に話し、見通しや目標をもって過ごせるような関わりをしていくことも大切です。

帰りの会

▶ねらい

帰りの会を通して、子どもたちが１日の頑張りを感じるとともに、明日へ向けた心構えや準備を行える場をつくる。

▶指導のポイント

子どもたちは様々な１日を過ごします。楽しい１日を過ごす子だけではないでしょう。その中で大切にしたいポイントは、

① １日の頑張りを感じ、明日に向ける

② 笑顔で帰す

の２点です。学級全体だけでなく、一人一人が充実感を得られるような関わりを心がけましょう。

帰りの会の目的を共有

活動の展開

01 帰りの会の目的を共有する

「１日の頑張りを感じ、明日へ向ける会」という目的を伝えます。そのためにどのようなことができるかを子どもたちと話し合いながら、よりよい帰りの会を子どもたちとつくり上げていきましょう。

02 帰りの会のメニュー例

●みんなから～子どもたちからの提案～

１日を過ごしての気付きを伝える子が出てきます。注意や悪いこと探しにならないように「明日はこうしよう」と前向きな提案になるように関わっていきましょう。

●明日の予定

係の子や日直が予定や必要な道具を伝えます。先生が全て伝えるのではなく、補足していくことで子どもたち発信の動きに変わっていきます。

●今日のキラリ

友達の良さを見つける取組です。

●さよならジャンケン

挨拶の後にジャンケンをします。笑顔で帰すことにつながっていきます。

帰りの会のメニューとして、明日の予定確認やアクティビティをする

03 明日のための準備の場

「早く帰りたい」「疲れた」という子もいます。整理整頓が疎かになる場合がありますが、環境の乱れや持ち物の紛失につながります。身の回りを整える習慣付けを全体への声かけや個別の関わりで行なっていきましょう。

04 笑顔で帰す

様々な1日を過ごした子どもたち。今日楽しかったことを想起したり、「失敗は明日うまくいくための宝」と伝えたりします。玄関先では一人一人に声をかけることも有効です。もし、具体的に声をかけられない子がいた場合は、次の日の関わりを大切にしましょう。

係活動①

ねらい

友達と協働する多様な係活動を通して、集団生活及び人間関係をよりよく形成するとともに、自己実現を図ろうとする態度を養う。

指導のポイント「当番との違い」

年度初めの指導において最も重要なことは、当番活動との違いを明確にすることです。４年生の子どもたちには、「当番と係活動の違いって何だろう？」と問いかけるとよいです。子どもたちは、これまでの学校生活から、違いを考えることができます。子どもたちからは、「当番は無くなったら、学校生活ができなくなるもの。係は、学校生活を楽しくするもの」といった発言が出ることでしょう。

活動の展開

01 係決めの前に

まず、係活動を進めていく前に、子どもが当番との違いを理解できるようにする必要があります。また、新しい学級での生活を経験しておかなければ、学級で生活をする上での課題を考えることができません。そのため、係決めは、学級開きから１・２週間後に行うことをおすすめします。

次に、係決めを行うことは、前日までに連絡して、右の02〜04についても説明します。すると、子どもたちは、係決めまでに「こんな係があるといいな」ということを考え始めます。さらに、「これまでの先生のクラスでは、こんな係があったよ」とエピソード付きで伝えると、子どもはイメージしやすくなります。

02 クラスが笑顔になるように

子どもに係をつくる上でのルールを教えます。

① 自分が楽しいこと

② クラスが笑顔になること

③ 原則は、一人につき一つの係に所属する

①については、「自分がやらされていると感じる係は、続かないよ。何よりも、自分が楽しくないことをしたい？」と投げかけます。

②については「自分が楽しいだけでなく、誰かを幸せにしたり、誰かの役に立ったりするような係にしよう」と伝えます。

自分たちで係を考えていくと、「複数の係に入りたい」という子が出ます。そのような場合は、「様々な係に属することで、自分がしんどくならないか」を確かめるようにします。

黒板係

新聞係

レクリエーション係

配布係

03 係の変更時期、評価会について

係を進めていくと、活動が滞ってしまうことがあります。大きな原因は、次の２つです。

① 係の運営が難しくなってしまった

② マンネリ化してくる

①は、自分たちで考えた係の内容が大変すぎて続けられなくなる、他の係の仕事をしたくなるなど、様々な要因があります。そこで、係の内容をいつでも変更できる、一つの係を二つの係に分割できる、他の係と合体できるなど柔軟に対応します。

②は、自分たちの活動に慣れてきてしまっている状態です。そこで、評価会を月に１回程度行います。評価会については、係活動②（P.○）をご覧ください。

04 教師の役割

教師の役割は、係を支えることです。

① ふり返る時間を設定すること

② 材料の準備

③ 支える声かけ

自分たちの係について、ふり返る時間を設定します。一回につき、10分程度で十分です。すると、子どもたちは、「もっとこうしたらいいかな」などと話をし始めます。活動が停滞している係には、「困っていること、教えて」と声をかけていきます。

子どもが活動していく上での材料の準備は、主に教師が担います。例えば、画用紙や色マジックなどが常に使える環境があることで、自主的な活動を支えることができます。

給食指導

ねらい

給食の当番活動を通して、自分の役割を理解したり、よりよい給食活動を目指したりするとともに、心身ともに健康で安全な生活態度の形成と望ましい食習慣の形成を図る。

指導のポイント

給食指導の観点は様々です。

① 安全面・衛生面

② 準備（盛り付け・配膳、待ち方）

③ 食べ方

④ おかわり

⑤ 片付け

など多くあります。全てを教師から指導しても、子どもたちに必要感はなく、定着しません。

そこで大切にしたいことは教師による指導やルールをシンプルにすることと、子どもたちも「もっとよりよく」を生かせる工夫の余地を残しておくことです。

4月の初めの給食指導では、学校で出されているきまりを基に、アレルギーや早食い、立ち歩きなどの安全面の指導に加え、シンプルなルールを子どもたちと話し合いながら決めるとよいでしょう。

その後、給食活動を行う中で、うまくいかない部分を見極め、学級で話題にしたり、子どもたち発信でルールを新しくつくったりしていくことで、子どもたちに定着するルールとなっていきます。また、子どもたちの自主性を育てることにつながり、その他の活動でも力を発揮するようになります。

本時の展開

01 シンプルなルール設定

学校全体でルールが決まっている場合はそれを基に、子どもたちに問いながら確かめていきます。見通しがもてるように全体の流れで指導していくとよいでしょう。3つの場面に分けることで、今後の指導にもつながります。

①「いただきます」までの準備

② 食べ方・おかわりなどの食事

③ 後片付け

心配がある場合は、具体的なエピソードを挙げた方が、子どもたちはイメージしやすくなります。多くを指導せず、3年間積み上げてきた子どもたちの様子を見て、指導のポイントを見極めていきます。指導の際には言葉だけでなく、写真などに残し、子どもたちと考えていく方法もあります。

02 「楽しく」「おいしく」食べる

好き嫌いや残量、食べ方のマナーが気になり、教師の指導が多くなってしまうと、給食を嫌う子も出てきます。そこで、「楽しく」「おいしく」を合言葉に学級の課題を取り上げ、ともに考えていくことが大切です。どの子も前向きに食べられるよう先生の工夫や関わりを考えていきましょう。苦手な子が多い食べ物の際には栄養教諭と連携し、栄養や豆知識を伝えに来てもらったり、食べる量を調節したりするのもよいでしょう。何より教師もいっしょに食べることを楽しむことが一番の指導です。子どもたちとともに、給食を味わうことを大切にしましょう。今後の成長期につながっていきます。

ごはんをじょうずにもりつけよう!

もりつけのポイント!

全体を4つに分けて、そこから決まった人数分をもりつけるようにすると、もり残しが多くなったり、足りなくなったりしません!

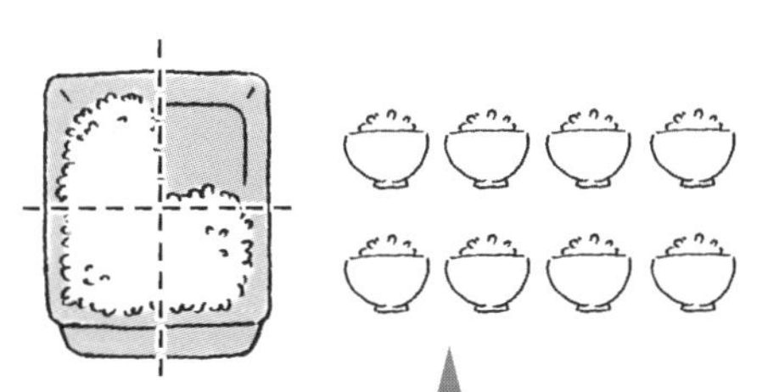

40人のクラス…ひとつのブロックから**10人分**くらい
35人のクラス…ひとつのブロックから**9人分**くらい
30人のクラス…ひとつのブロックから**8人分**くらい

ちゃわんのもようの少し下くらい（1・2年生140グラム）

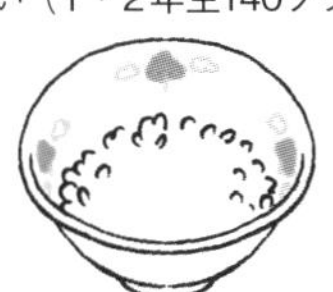

ちゃわんのもようが半分かくれるくらい（5・6年生200g）

ちゃわんのもようがすこしかくれるくらい（3・4年生180グラム）

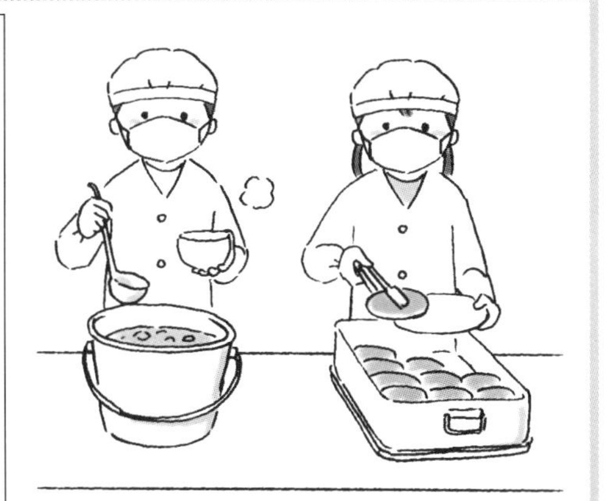

03 子どもがつくり出すルールへ

安全面や衛生面では指導が必要です。しかし、先生が決めたことが多すぎると、ルールは複雑化し、定着しません。子どもたちからの「もっとこうしたい！」を取り上げ、子どもたちが自ら改善していこうとする姿を育てていきましょう。

04 教師のプラス1

子どもたちでルールをつくり出すだけでは、経験が少なく難しい場合もあります。その際には、教師から助言をしたり学級に問いかけたりして、引き出すことを意識するとよいでしょう。

●時間短縮のプラス1
・時間のかかるものから盛り付け
・配膳は奥から順に

●しっかり食べるプラス1
・盛り付けの盛り切り
　ご飯などは初めに食缶の中で4等分し、盛り付けると盛り切りを意識しやすいです。
　例：36人の場合　1/4を9人分
・おかわりの量のアナウンス

掃除指導①

ねらい

子どもが掃除活動での自分の役割を理解し、主体的に清掃活動に取り組むことができるようにするとともに、よりよい学級を目指す集団としての力を高める。

指導のポイント

清掃活動は集団で生活していく上で必要不可欠な活動です。意欲的ではない子もいますが、活動の意味を理解できる発達段階にあります。そこで、4月初めに「清掃活動をする意味」をクラス全体で考え、必要感を生むことが大切です。その上で、「きれいに」「早く」といった共通の目標を設定し、学級全員が責任をもって取り組むとともに、学級の一体感を生み出します。また、目標があることで、子どもたちから「もっとこうしたらいい！」という声を生みだすことができ、自主性を育むことにもつながります。4月段階だけではなく、1年間子どもたちとよりよい清掃活動を考えていくとよいでしょう。学期末の大掃除（P.94）では、子どもたちのアイディアを生かし、気持ちのよい学期末を送ることができます。

活動が分かれるため、子どもたちの動きも様々です。しっかりと個々の様子を見取り、よさを認めたり、問題が起きそうなときには関わりを行ったりする教師の関わりも不可欠です。

指導の展開

01 責任感と働くことの意味理解を

学級みんなが快適に過ごすために、一人一人が「みんなのために働く」という視点をもち、集団の一員としての自覚や責任感を育てていくことが大切です。「もし掃除をしなかったら？」「きれいな教室で過ごすとどう？」などと問い、清掃活動の必要感を生みます。

02 「きれいに」「早く」を合言葉に

清掃活動では、全員が働くことが望ましいですが、意欲に差があります。そこで、「きれいに」「早く」を合言葉に全員で行うことで、一体感が生まれます。子どもたちの「もっとこうしたらいい！」も生み出しやすく、自主的に動き出すことにつながります。

そうじをもっと　ごみのこる

早く　きれいにするには?

ほうき→声かけ
⇓
机出し
↑
終 手伝う
~~机の上にもの~~

ほうき　列になって
→同じ方向
ストローのふくろ
机出し→ならべる
4号車にそろえる

03 よさをしっかり見取る

清掃活動では様々な姿が見られます。丁寧に掃除する子、隅々まで磨く子、工夫をする子、手伝う子、自分以外の仕事にも取り組む子。それぞれの頑張りを見取り、声をかけたり、必要に応じて学級全体に広めたりすることでよりよい集団となります。

04 教師のプラス1

子どもたちでルールをつくり出すだけでは、経験が少なく難しい場合もあります。その際には、教師から助言をしたり学級に問いかけたりして、引き出すことを意識するとよいでしょう。

●時間短縮のプラス1
- 初動が大切：ほうきや机出しを素早く
- 手の空いた子からいつも時間のかかる活動をサポート
- ほうき当番が全体に声かけ：全体を把握し、声をかける

●きれいのプラス1
- 黒板消しやレールの清掃の仕方
- 机出しの基準：印や○号車に揃えるなどを明確に

身体測定

ねらい

身体測定を受ける意味を理解し、成長に対して前向きな気持ちをもてるようにする。

指導のポイント

身体測定では、４年生という発達段階を考慮し、身体測定の意図や体の変化について指導します。

身体測定などの健診の事前指導では、健診の並び方や心構えに加え、健診をする意味をいっしょに考えましょう。受け方については、時間が限られているため、スムーズに進められるよう会場の図を用いて説明するとよいでしょう。また、「なぜするのか」という意味も理解できる学年です。健診の目的を捉え、必要感をもって取り組めるよう関わります。

また、体の発達の違いにも目が向きやすい年頃です。身体の違いは自然なことで個人差があるということを理解できるようにします。教師の経験などを交えて話すことで具体的にイメージでき、安心を生むことにつながります。成長に向けて、日常の生活の仕方にも目を向ける場をつくったり、給食指導や保健の学習と絡めたりして、子どもたちが継続的に考える場を意図的に設けていくとよいです。

事後指導では、結果を受けて生活について改めて考えていきます。視力検査で視力低下が進んでいる子が増えていきます。保健便りを活用するなどして啓発していきましょう。

活動の展開

01 健診の意図を伝える

４年生の段階になると物事の意味を理解できるようになっています。そこで、「何のために受けるのか」という検診の目的も再確認します。「自分の成長を確かめる」「体の不調を見つける」などの目的を理解し、生活に結び付けましょう。

02 成長期への理解を深める

４年生は心や体の変化が出てくる子がおり、子どもも保護者も不安を感じることが多くあります。保健の学習や食指導などと絡め、日常的に取り上げることで、子どもたちが体の変化を前向きに捉えられるよう関わっていきます。

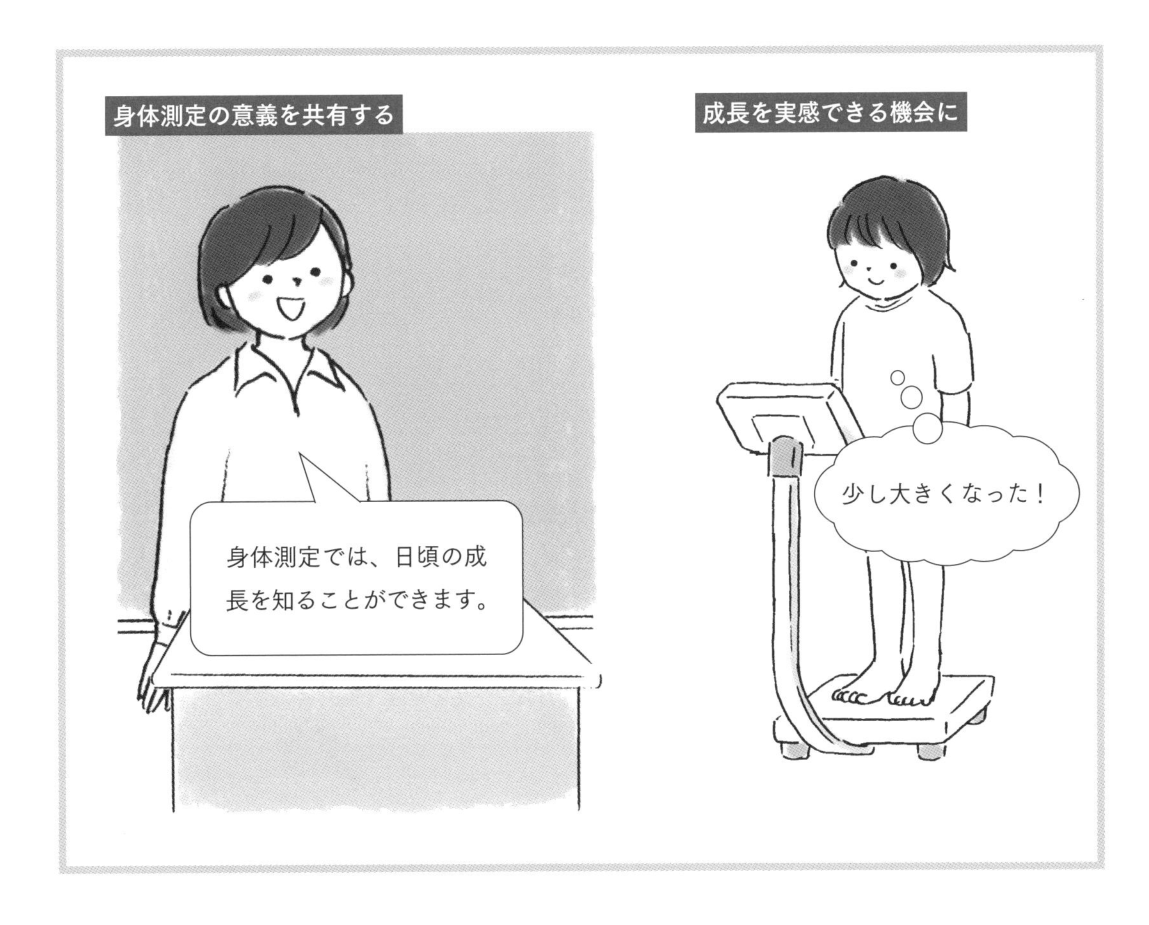

03 成長の違いを理解する

「背が小さい」「体重が重い」など、他の子との成長の違いが気になる子も増えてきます。「成長には個人差がある」ということを、エピソードなどを交えて理解できるようにすることで、どの子も安心して成長を楽しめることにつながっていきます。

04 成長を支える日常指導

成長を支える３要素の見取りを大切にしましょう。
食事：給食の量や好き嫌い、家庭での食生活
運動：体育や休み時間、放課後の活動
睡眠：アンケートや朝の様子など
養護教諭や栄養教諭との連携も大切です。

宿題指導①

ねらい

宿題は、学習した内容が理解できているかどうかを自分で確かめたり、自分に合った学び方を見つけたりすることが大切であることを伝え、実感できるようにする。

指導のポイント

まずは宿題に対する先生の考え方を伝えることが大切です。なぜ毎日宿題を出すのか、宿題を通してどのようなことを身に付けてほしいのかを語ります。その際、右に載せたような学級通信を読み聞かせることをおすすめします。子どもたちはもちろんのこと、保護者とも宿題についての認識を共有することができますし、教室に掲示しておくことで、定期的にふり返りをすることもできます。

漢字・算数の問題・音読・リコーダー・自主学習などが、主な宿題の内容だと思います。漢字については、字の正しさや字形が整っているかどうかがポイントです。一度学校で丁寧に書く時間を設けて、そこで書いた字を基準にして取り組むようにするとよいでしょう。算数は授業中に学習した内容が自分一人でもできるかどうかを確かめることが大切です。もし、難しい場合は、教科書やノートを見るなどして解決するように伝えます。音読やリコーダーについては、家で自分の声や音を確認するように伝えます。教室では周囲の声にうもれてしまいがちですが、家なら自分一人で聞くことができます。これらのポイントを伝えた上で宿題に取り組むようにし、次の日にはアセスメントすることが大切です。

指導の展開

01 宿題をする意味を伝える

事前に宿題をする意味や宿題を通して何を身に付けるのかを教師が整理し、可能であれば学級通信などにまとめておきます。その上で、子どもたちに「なぜ毎日宿題をするのでしょうか」と問いかけ、考えたり話し合ったりする時間を設けます。そして、「先生にも宿題に対する思いがあります」と伝え、学級通信を配付して読み聞かせをします。ここでの語りによって、子どもたちが「ちょっと頑張ってみようかな」と思えるようなメッセージになっていることが大切です。右ページの学級通信の例に書かれた内容を参考にして、語る内容を考えてみましょう。

02 宿題の一部に学校で取り組んでみる

漢字の学習は、ほぼ毎日出ることでしょう。どのように進めるのかをいっしょに確認するために、一度学校で取り組んでみることをおすすめします。その際、字を正しく書くことや字形を整えて書くことを伝え、その場で丸を付けたり、「とめ・はね・はらい」をいっしょに確認するようにします。ここで書いた字が今後の基準になることを伝え、家でも同じように丁寧に取り組むことや毎日積み重ねることの大切さを伝えます。算数の宿題についても同様に取り組んでみるとよいでしょう。次の日に出された宿題に対しては、全員にその場で頑張りを称賛することをお忘れなく！

カラフル 第〇号

20XX 年4月〇日　担任〇〇 〇〇
〇〇小学校4年1組学級通信

今日は宿題について、ぎ問に答える形式で書きます。

Q1：どうして宿題が出るのですか？

A：先生は２つ理由があると考えています。１つは授業で学習したことを自分でかくにんするためです。学校には先生や友達がいて、いっしょに考えたり、教え合ったりすることができます。そこで学んだことが分かっているかどうかを家で、自分の力で確かめるのが宿題です。
分からない所があっても大じょうぶ。むしろ見つかってラッキーです。それも宿題のよい所です。もう１つは自分に合った学び方を見つけるためです。いつ・どこで・どのように宿題に取り組むことが、自分の集中力を高めて、自分の理解を深めるのか、いろいろと試すおもしろさがあるのも宿題のよさです。

Q2：忘れてしまったらどうすればいいですか？

A：宿題そのものを忘れた場合は次の日に出しましょう。
もしやり忘れの場合は、原因を考えましょう。毎日出るものなので“うっかり”はないでしょう。先生は宿題を約束を守る練習とも考えています。がんばりましょう。
でも、何か特別な事情がある時や
むずかしくてできなかった時は
伝えてくださいね！

ICT開き

ねらい

子どもたちが、「これまでのICT機器活用」「これからのICT機器活用」について目を向けられるようにすることで、自分たちが大事にしたいことや取り組みたいことを見つけられるようにする。

指導のポイント

３年生時、各学級でICT活用の内容やレベル、ルールなどに違いがあったかもしれません。そこで、互いの「これまでのICT活用」が重なるようにします。その上で、「これからのICT活用」についていっしょに考えます。学習や生活のあらゆる場面で活用するからこそ、自分たちでしっかりと「活用の仕方」を意識できるようにします。

活動の展開

01 「これまでのICT活用」を近くの人と共有する

昨年度、どのようにICT機器を活用していたかを尋ねます。子どもたちが実際にICT機器を活用しながら、近くの人（昨年度違う学級の人同士）と「これまでのICT活用」を聴き合えるようにします。

02 ICT機器を活用するときに大事にしている（すべき）ことを共有する

01で子どもたちがICT機器を活用する様子を観て、「素敵だな」と感じたことを伝えます。その上で、「ICT機器を活用するときに大事にしている（すべき）こと」を全体で聴き合います。

〔例〕

使い方

・落とさないように大事に使う
・置く場所を工夫する
・雑にするのではなく、丁寧に操作する

活用法

・自分の画面ばかりを見ずに相手と考えを聴き合う
・ICTならではのよさを大事にする

03 「これまでのICT活用」を全体で共有する

01で聴き合ったことを基にして、全体で「これまでのICT活用」を聴き合います。それぞれの学級での取組のよさや一人一人が頑張ってきたこと、成長したことなどを大事にできるようにします。

・話すのと同じくらいのタイピング速度
・プレゼンテーションをするのが得意
・ニュースを動画にまとめて伝えられる
・知りたいことをすぐに調べられる

…とそれぞれのよさが重なり合うようにすることで、子どもたちは自然と学ぶでしょう。

04 「これからのICT活用」を全体で共有する

「これからどのようにICT機器を使いたい？」
「どんなことに使ったらおもしろそうかな？」
「どんなことができるようになりたい？」

…と問いかけながら、「これからのICT活用」に目を向けられるようにします。子どもたちなりに「〇〇してみたい」「△△しよう」と考えることで、どんどん自分たちで工夫して活用するようになるでしょう。02で考えた「大事にすべきこと」も含めて、子どもたちといっしょに進めるようにしましょう。

授業参観①

ねらい

授業参観を通して、保護者は担任を知り、子ども（学級集団）を知る機会になる。特別なことではなく、いつもの学級の様子を伝える時間にしていく。

指導のポイント

初めての授業参観は、保護者にとって、①担任の教師、②自分の子ども、③学級集団を知る機会になります。４年生の子どもたちが、「４年生」として頑張りたいという気持ちを授業中の様子で伝えられる時間として、教科を選び、学習内容を検討することも大切です。子どもの様子を通して、１年間を安全・安心に過ごすことのできる場所であることを伝えるきっかけにしたいですね。

授業参観の教科・授業検討について

授業参観では、

① 普段通りの授業

② 学習発表の時間

③ 保護者参加型の授業

などの内容が考えられます。

４月の授業参観では、「今年度初」ということを考慮し、私は①普段どおりの授業を行うことを心がけています。担任と子どもたちの関わり方、子どもの考える様子、子ども同士の関わり方などを、保護者の方に観ていただくためです。

年間行事を見通したとき、授業参観は３回以上設定されている学校が多いかと思います。事前に、１回目は算数、２回目は道徳、３回目は国語など、ある程度、参観時の計画を立てておくこともおすすめです。そうすることで、②学習発表の時期を考えたり、③保護者の参加を呼びかけたりする工夫が事前に行いやすくなります。

活動の展開

01 教室環境を整える

学級の第一印象は、教室環境と言ってもよいほどです。子どもたちの棚は整頓されているか、床にゴミや落とし物はないか、掲示物は整っているか、黒板の溝は掃除しているかなどを前日までに確かめておきたいですね。

02 授業開始の２分前から構える

初めての授業参観は、担任も子どもたちも緊張しますね。開始時刻２分前に着席して、机の上の持ち物確認をしたり、「先生とあっちむいてほい」をしたりして、穏やかに構えます。

03 興味・関心の高い教科から選ぶ

「ふだん通り」の授業を行います。
・話を聴く・発表する・考えを書く
・友達と交流する　など、子どもたちの様々な様子を授業の展開の中で取り入れていくようにします。

04 時間内に終わる

授業参観では、担任の教師も子どもたちも緊張していて、思ったようにいかないことも多くあります。そんなときでも、「また次回！」と言って授業時間を潔く守りましょう。

学級懇談会①

ねらい

1年間の学級経営の方針を伝え、保護者の理解を得るとともに、子どもたちをいっしょにサポートする体制の基礎を築く。また、保護者同士がつながれる場をつくる。

指導のポイント

学級を運営していく上で、保護者の理解や協力は欠かせません。担任がどのような思いや願いをもち、1年間子どもたちに関わっていくのかを伝え、「この先生なら任せられる」「ぜひ協力したい」と、保護者が思えるような場をつくりましょう。まずは担任の簡単な自己紹介の後、始業式からの子どもたちの様子について、頑張っていることや学級としてのよいところを伝えるようにします。そうすることが、「この先生は子どもたちのことを丁寧に見てくれている」という信頼につながります。その上で、「さらにこのような力を付けていきたい」や「集団としてこのように育ってほしい」ということを語るようにします。その際、4年生は他者のことを今まで以上に意識する学齢であることを伝え、「他者との違いを認め合える関係をつくる」など、発達段階について触れることが大切になります。

懇談会の後半には、参加した保護者一人一人が話す時間を設けるようにします。そこでは、4年生になってからの様子や子育ての悩みなどを話してもらうようにし、他の保護者の方からの意見を聞くなど、担任が保護者同士をつなぐことを意識して場をつくります。教師が「このようにしてはどうか」と提案することもよいですが、ファシリテーターとして、保護者と保護者をつなぐことで、いっしょに学級を支えるサポーターとしての一体感をつくっていきます。

活動の展開

01 自己紹介をする

教員歴・趣味・子どもたちとの関わりの中で大切にしていることなど、簡単に話します。その後、すぐ02へと移ってもいいのですが、参加されている保護者にも名前を言ってもらうとよいでしょう。その際、名前をメモすることを忘れずに。

02 子どもたちの様子を伝える

子どものことをどのように見ているのか、担任の子ども観を伝える場面です。子どもたちの素敵な姿をたくさん伝えて、保護者から信頼してもらえるように努めることが大切です。具体的なエピソードを3つほど用意しておくとよいでしょう。

03 1年間の方針を語る

１年間でどのような学級を目指したいのか、その学級の中で個々にどのような力を付けていきたいのかを語ります。学校の教育目標や４年生の発達段階のことなども取り入れながら話すとよいでしょう。大事にしたい実践や取り組みも紹介できるといいですね。

04 保護者一人一人の話を聞く

保護者に一人ずつ、４月からの様子や子どもへの思いや願いを話してもらいます。その中で出された内容について「他のみなさんはどうですか？」と話を振ってみることもおすすめです。保護者同士をつなぐ役割も果たせるようにしたいですね。

家庭訪問

ねらい

子どもの家庭での様子や保護者の願い、関わる上での配慮する内容など、子どもに関する情報を収集し、一人一人の理解を深めることができるようにする。

ポイント

学校の様子を伝えることはもちろん必要ですが、保護者に話してもらうことにウェイトを置いて実施します。子ども一人一人に対する理解を深めて、今後の関わりに生かせるようにすることが大切です。時間を有効に活用しながら保護者に話してもらうために、聞きたい内容を質問リストにまとめておくことをおすすめします。可能であれば事前に学級通信などで、「このような内容をお聞きする予定です」と伝えておくのもよいでしょう。

質問に入れるとよい内容は主に４つです。

① 新しいクラスになってからの変化
② 普段の放課後の過ごし方
③ この１年間の願い
④ 配慮事項

これらの内容について保護者の方に質問し、聞き取った内容をその場でメモしていきます。詳しく聞きたい内容については「もう少し詳しく聞いていいですか？」と尋ねます。子どものことを知ろうとする真剣な眼差しが信頼につながっていくことでしょう。そして、何より大切なことは聞き取った内容を記録として残しておくことです。年間を通して一人一人について、気付きや見取りを継続して記録していく個人カルテのようなものを用意しておくことをおすすめします。その個人カルテの中に家庭訪問で聞き取った内容を記録しておくと、今後の子どもへの関わりや個人懇談の保護者との会話に生かすことができます。

活動の展開

01 学校での様子を伝える

子どもの家庭での様子や保護者の願いを聞き取ることがメインになるので、こちらから伝えることは簡潔にまとめておくとよいでしょう。子どものよさが伝わる印象的な場面を取り上げ、保護者に伝えることが信頼につながりますし、何よりも場が和み保護者も話しやすくなります。

02 保護者に話してもらう

保護者が児童のことについて話しやすいように、「ポイント」に書いたような質問を用意しておきます。学校での様子を伝えた上で、「何点かお話を伺ってもいいですか？」と伝えて、質問に入るようにしましょう。

保護者から聞き取った内容は、後で整理して記録することができるように簡単にメモしておく必要があります。「メモしながら聞かせていただきます」と伝えるとよいでしょう。

03 聞き取った内容を整理する

家庭訪問で聞き取った内容を記録しておき、個人懇談などで保護者といっしょにふり返ることで成長を実感することができます。右の例のように整理してまとめておき、見返すことができるようにしておきます。また、家庭訪問のことだけでなく、普段の関わりの中で見取ったことを書くようにすることで、子どもの理解が一層深まります。

全てを解決することは難しいこともありますが、記録することで意識したり、見返して関わりに生かしたりすることができます。

［個人カルテの例］

4年○組　□□ □□

4/27　家庭訪問　出来事と日時

① 新しいクラスになり、仲の良い友達と離れてしまって家で泣いていることがある。新しい友達ができるかどうか心配。

② 家に帰ったらすぐに宿題をしている。その後はゲームをしていることが多い。ゲームをしている時間が長いので、1日1時間と約束している。

③ 漢字が苦手なので、覚えることと、字がきれいに書けるようになってほしい。厳しく見てほしい。

④ 給食を食べるのに時間がかかる。肌が弱いので薬を持たせることがある。

5/11

席替えで○○さんと隣になる。朝のペアトークでは笑顔で話していた。この調子で仲が深まるように二人の関係を見守りたい。

普段の印象に残った場面も記録しておくことで、一人一人の成長を捉えることができます。

5月 子どもたち同士がつながる

5月に意識すること

・子どもたち同士のつながりを支える
・チャレンジの芽を大切にする
・「子どもたちなりの○○」を受けとめる

5月の学級経営を充実させるために

●子どもたちがつながる場をたくさんつくろう

まだ新しい学級になじめていない子やこれまでの関係性の枠の中で過ごしている子が多いかもしれません。だからこそ、教師が積極的に子どもたち同士がつながる場をたくさんつくりましょう。

遊び、雑談、係活動などの場で、子どもたちは少しずつ新しいつながりをつくっていきます。最初は教師が間に入るかもしれませんが、徐々に子どもたち同士でもつながりを広げていけるようになります。

●チャレンジしたくなる場を用意しよう

「こうしてみたい」「こうしてみよう」と思っても、チャレンジする場がほとんどなければ、子どもたちはその意欲を失ってしまうことになります。そこで、子どもたちが思ったことを行動に移せる場を用意しましょう。

「グループでの話し合いがうまくいくようにする」「よりよい給食当番の仕組みづくり」など、子どもたちにできることを任せます。自分の力を出し切ったり、他者と協力したりすることで乗り越えられるようなことに向き合うことで、子どもたちはどんどん成長します。

注意事項

子どもたちが少しずつ いろんなことにチャレンジし始めるようになりますが、中にはなかなか一歩を踏み出せない子もいるでしょう。そんな子に「チャレンジしよう」と押しつけるとしんどくなってしまいます。思いを丁寧に受けとめて、いっしょにゆっくり進みたいものです。

黒板（ホワイトボード）へのメッセージ

▶ねらい

登校時、子どもたちが注目しやすい黒板（ホワイトボード）に先生の思いや楽しいことを書くことで、子どもたちが楽しい気持ちで１日の始まりを迎えられるようにします。直接伝えるのではなく、黒板（ホワイトボード）に書いて伝えるよさを生かしましょう。

内容

朝、黒板（ホワイトボード）にどのようなことが書かれていたら、子どもたちが楽しくなったり前向きになれたりするかを想像します。「今の子どもたちにどんなことを書けばいいかな？」と問いをもつと、何を書けばよいか考えやすくなるでしょう。

〔テーマ例〕

・子どもたちの素敵なところ
・昨日見つけたチャレンジ
・昨日の驚きや発見
・今日いっしょに大切にしたいこと
・今日の行事に向けての応援
・先生が最近はまっていること
・先生が最近注目していること
・先生が好きな給食
・謎解き、クイズ
・先生が描くイラスト（うまくなくてよい）

…と、たくさんの選択肢の中からよりよいものを選びます。メッセージを通して、「あ、先生はこんなことを考えているんだ」「こんなところも見てくれているんだ」と知ってもらうこともできます。

ポイント

・ダラダラと長く書き過ぎても子どもたちは読みません。短く簡潔に思いを伝えるようにします。
・続けられる頻度（毎日、週１、何かあったときなど）で続けましょう。無理はしません。
・「熱い思い」ばかり伝えられてもしんどくなってしまいます。できるだけさらっと伝えましょう。

教室掲示②

ねらい

一つの作品を完成させる過程を通して、それぞれが分担したり、助け合ったりして作ることで、自他のよさを見つけ、喜びやうれしさを共有し合う。

指導のポイント

教室には、子どもたちの作品を掲示することと思います。そのほとんどが、個人の作品でしょう。その中に、みんなで作ったものを入れていきたいところです。

まずは、子どもたちがどのような言葉や歌詞に関心をもっているかを、休み時間やふとした隙間の時間にたくさんおしゃべりをして、情報収集していきます。この積み重ねが教師と子どもの関係をつなぎやすくします。

活動の展開

01 みんなが元気になる花は何？

この制作活動を始める前に、子どもたちに「みんなが元気になる」をテーマに作品を作ることを説明します。そして、アンケート調査します。

「みんなが見たら元気になる花と言えば…」色々な花の名前が出てきます。タブレット端末や電子黒板で、色々な花を表示することで、友達の意見に共感する様子も増えていきます。最終的には、多数決で決定してもよいでしょう。

教師からの提案でも構わないのですが、子どもたち自身の意見が反映された作品の方が、制作過程でも意欲が大きく変わります。

02 添える言葉を見つけよう

決定した花のイメージから、色々な言葉を表現します。「ひまわり」に決まった場合、子どもたちからは、太陽、元気、勇気、笑顔、強さなどが出てくるかと思います。図書室の詩集や国語の教科書、タブレット端末などで、ひまわりにまつわる言葉や詩を探します。

上段の作品の言葉は、子どもたちがこのときよく耳にしていた歌の歌詞の一部です。子どもたちは、メッセージ性の高い言葉を好みます。特に、文学作品やエンタメに詳しい子どもは、多感な時期であることも手伝って、言葉の意味を語り出すことも多いですね。子ども同士の会話を聞きながら、気持ちを高めていくことも大切だと思います。

03 いよいよ、折り紙で作ろう

普段から教室に用意している折り紙箱の中から、ひまわりに使いたい色を決めました。基本的に、教師からは色を指定しません。子どもたちは、薄黄色、黄色、薄橙色、橙色、黄土色など、花びらだけでも様々な色を選びます。このとき、「え？　ひまわりって黄色じゃないの？」という声も聞こえてきます。そんなときこそ、世界中のひまわりの写真を見せます。「黄色と表現したとしても、それが全てではない」ということに気付いてほしいと思います。もちろん、ひまわりの種の部分（内側）の色も、子どもたちに任せます。折り紙の本を見ながら、子ども同士で教え合います。一つの花もリレーして作る子もいます。

04 さあ、どこに飾ろう

子どもたちと制作した作品は、教室内に飾りたくなりますね。教師が場所も指定してしまいがちですが、ここではあえて子どもたちに尋ねます。このとき、「みんなが元気になる」をテーマにしていたので、全校のみんなが見る場所に掲示したいという意見が出ました。教室や教室前の廊下に掲示し、自分たちが元気になることもよいことです。「4年生」の子どもたちは、少しずつ「全校」についての意識をもつようになります。自分たちの作品を見た人たちを元気付けたいという思いを、さらに作品に込めて、学級全体もあたたかな雰囲気になりやすくなります。

学級活動①

ねらい

学校給食の栄養バランスを知り、自分の心身の成長に必要な栄養を、自分で考えて食べようとする意欲を高める。

指導のポイント

「給食のひみつを調べよう」を題目にし、授業を行います。給食の献立については子どもたちも楽しみにしていることでしょう。でも、その献立がどうしてその組み合わせなのかまでは知らないことが多いです。栄養バランスを整えた組み合わせを知り、好き嫌いがあったとしても、健康的に過ごすためにどうしたらよいかを考えていきましょう。食について学習するときは、栄養教諭や養護教諭と連携して行うことをおすすめします。

給食指導と「食育」

『小学校学習指導要領』第６章「特別活動」では、学級活動２(1)の中で「エ　食育の観点を踏まえた学校給食と望ましい食習慣の形成」を記しています。

給食の時間だけで指導するのではなく、学級活動の時間に、「食」について考える時間を設定しましょう。

４年生になると、成長の早い子は第二次性徴が見られるようになり、心身の大きな変化が見られるようになります。体をつくるもとになる「食」に目を向けていくことも大切です。

「食育」の観点で考えられる学習活動としては、

・バランスのよい食事とは
・給食のひみつを調べよう
・食事のマナーを心がけよう
・体をつくる食材は何だろう

などが考えられます。子どもたちの様子に合わせて内容を検討することが大切です。

活動の展開

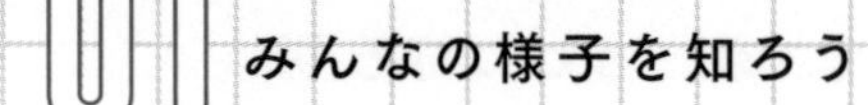

01 みんなの様子を知ろう

事前に、「好きな給食献立アンケート」を行い、その結果を基にした、「みんなの理想の給食献立」を子どもたちに見せます。子どもたちは献立に喜ぶのですが、今日から毎日この献立であることを伝え、そこで生まれる問題を考えます。

02 給食のひみつを知ろう

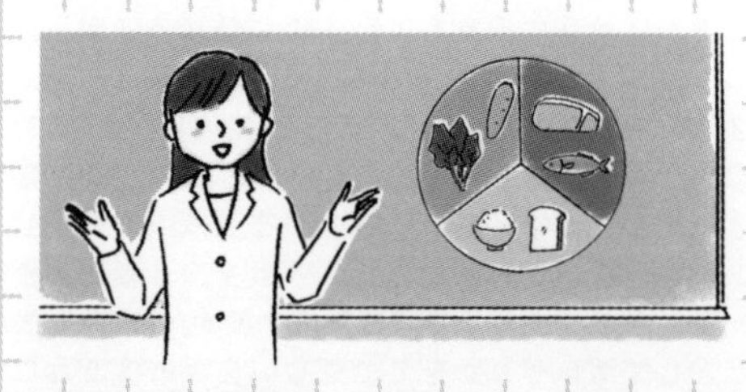

栄養教諭や養護教諭を「食のプロ」「健康のプロ」として紹介します。毎日の給食がどのような献立になっているのか、栄養バランスの視点から説明してもらいます。

03 体の成長について知ろう

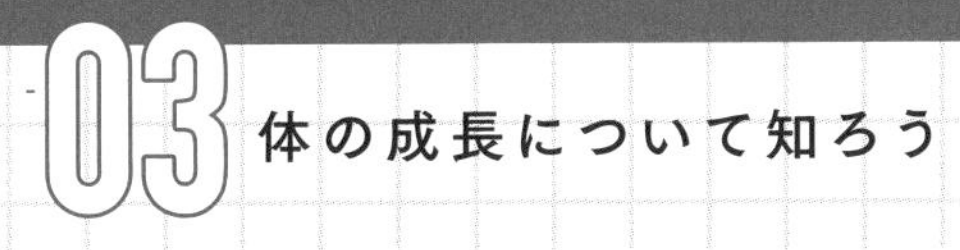

４年生の子どもたちが、これまでの状態からさらに成長していく「第二次性徴」を迎えることを簡単に説明し、そのためには栄養をしっかり取ることが大切であると伝えます。

04 これからの食事を考えよう

給食では、栄養バランスが取れた献立になっているため、家庭での食生活を見直すことが大切です。健康な体をつくるために、家庭でどのようなことに気を付けていくかを考えます。そこから１週間、家庭でバランスよく食べる取組を行います。

席替え

ねらい

1年間を通して何度も行う「席替え」について、子どもたちと方法や時期を探り、よりよい人間関係づくりをしたり、学習意欲を保ったりする。

指導のポイント

私は、「身体的な配慮」を第一に考えます。

視力・聴力については養護教諭と子ども本人（時には保護者）と確認をすることが大切です。

支援を要する子の席は、特別支援級の担任やコーディネーターとともに、よりよい配慮を考えましょう。

「席替え」について

「席替え」の方法については、様々な方法があります。さらに、時期も様々です。

正直に言うと、私は、「席替えを軽んじてはいけない」と思っています。「席替え」ひとつで、子どもたちのモチベーションが左右されることもあるからです。ある程度、教師が「席替え」についての考えや思いをもち、子どもたちに説明できるようにしておくことをおすすめします。

まずは、時期についてです。

① 日直の輪番制に合わせて行う
② 月や週を決めて行う
③ いきなり不定期で行う

次に、方法についてです。

① 先生が決める
② くじ引き（あみだくじ、わりばしくじなど）
③ 子どもたちが自由に決める　など

方針を決めて、子どもたちと「席替え」の約束を決めたいところです。

活動の展開

01 これまでの様子をふり返る

新しい学級が始まってからの子どもたちの様子を担任の先生がふり返りましょう。場合によっては、前年度の担任の先生方に、席替えについて相談してみることもいいですね。

02 席替えの方針を確かめる

教師が一方的に考えを伝えるよりも、子どもたちの考えを聞いて、「席替え」の共通理解を図りましょう。例えば、

- 一人一人の体調に合わせる
- 学習するための席だということ　など

03 席替えの前後を大切にする

近くで学習してきた友達や新たに近くになる友達と「お世話になりました」「よろしくお願いします」などの簡単にできる挨拶を交わします。生活の中で何気なく使う言葉を言う練習になります。

04 よりよい「場所」を探る

どの子にとっても（ある程度）「落ち着いて過ごしやすい」場所を探りたいところです。
例えば、
・周りの様子が気になり集中しづらいならば、視野にたくさんの情報が入りにくい「前」
・体（手足）を動かした方が落ち着きやすいならば、みんなの注目を集めにくい「後ろ」
・隅っこのせまいところが落ち着きやすいならば、一番通りづらいであろう「窓側」
・体温調整がなかなか難しいならば、温度が一定な「中央」
などの配慮する観点があります。「過ごしやすい」ところを子どもと探っていきましょう。

クラブ活動

ねらい

クラブ活動の説明やふり返りを通して、5・6年生とともに活動することの楽しさや4年生でも集団づくりに関わることができるという自己有用感を抱くことができるようにする。

指導のポイント

クラブ活動を楽しみにしている子どもは多いでしょう。そのワクワク感を大事にしながら、クラブ活動をすることの意味や4年生としてどのように関わっていくべきなのかを伝えるようにします。第1回目のクラブ活動に参加する前に、クラブ活動は興味・関心がある内容を集まったメンバーで計画し、進めていく活動であることや、普段関わることが少ない5・6年生と交流する中で、高学年のすごいところを見つけたりすることができるということを伝えるようにします。また4年生は初めての参加になりますが、メンバーの一員であるので自分の意見や考えを伝えていくことが大切であることも伝えます。5・6年生と力を合わせて、自分たちで活動を進めていくことにクラブ活動の楽しさがあると知った上で参加できるようにしましょう。

もう一つ大切なことは、初回のクラブ活動に参加した後のふり返りです。クラスのみんながどんな活動をして、どのように感じたのかを交流する時間を取るようにしましょう。初回のクラブ活動があった翌日に、一人一人がクラブ活動の感想やこれからの活動にどのように関わりたいかを書くようにし、その内容をみんなで交流できるようにします。そうすることで、他のクラブ活動の様子も知ることができますし、何より4年生として自分にできることをやっていこうという意欲が高まることでしょう。

活動の展開

01 クラブ活動をする意味を伝える

クラブのメンバーで何をするのかを決め、準備し、自分たちの力で活動を進めていくという経験ができる場であることを伝えます。また、クラブ活動を通して計画を立てたり、力を合わせて物事を進めたりする力を付けることができるということも伝えます。

02 4年生としての心構えを伝える

5・6年生は経験があり、頼りになる存在なので、活動する姿から学ぶことはもちろん大切です。しかし、4年生もクラブの一員なので、受け身にならず積極的に意見を伝えることが求められます。参加する態度についても事前に伝えましょう。

03 初回の活動をふり返る

初回のクラブ活動を終えた翌日などに、活動をしてみた感想や今後どのように関わっていくことができそうかなどの観点でふり返りを書くようにします。事前に伝えていた内容（01と02）についても触れて、子どもたちが感じた手応えを表現するようにします。

04 ふり返りを交流する

クラスの友達が参加したクラブ活動がどのような様子だったか、その中で友達がどのように振る舞ったのは関心が高いはずです。記述したふり返りを読み合ったり、エピソードを話し合ったりする場をつくります。初回だけでなく定期的に交流できるようにもします。

避難訓練①（火事）

ねらい

校内での火災時における避難訓練を行うことで、火災に対する理解を深め、身の安全を守る方法を理解する。

指導のポイント

避難訓練の指導は、命に関わる重要な取組です。そのため、真剣な雰囲気で行われるべき学校行事です。しかし、日頃から安全に対する意識が培われていないと、形式だけの訓練になってしまいます。自分や相手を傷付ける危険な言動には、日常的に毅然とした指導をしていきましょう。

また、基本となる避難経路については、学期の初めに、子どもたちと確認しておきましょう。

事前指導

「自分の命は自分で守ることが基本」ということを意識付けましょう。当然のことながら、「先生は全力であなたたちを守る」ということは伝えます。しかし、火災時は予測できないことが起こるため、自分で考えて行動できることの重要性をしっかりと伝えましょう。

また、「火災が起こると、どのような状況になると思う？」と子どもに想像させることで、火災時の危険性を考えられるようになります。さらに、「理科室にいる場合では、教室と変わるかな？」と場所によって避難経路が変わることなどにも気付かせておきたいところです。

細かい点では、火災発生時には電気を消すこと、窓は閉めるけれどカーテンは開けておいた方がよいことなどを伝えておくこともよいでしょう。このようなことは、○○さんと担当の子どもを決めるのではなく、「窓側の人がするとよいね」という具合にしておくと、臨機応変に行動できる子どもが出てきます。

活動の展開

01 通常どおりに授業を始める

子どもたちには、その日のどこかで避難訓練があることを伝えておきましょう。子どもが自分で行動できるようにするための訓練です。訓練だからと特別なことをするのではなく、訓練だからこそ通常どおりに授業を始めましょう。

02 訓練開始時

放送や非常ベルが鳴って訓練が始まったら、子どもたちを落ち着かせましょう。しっかりと放送を聞くことやハンカチを口に当てることを指示します。さらに、安全で最短の避難経路を伝えます。出火場所によっては、学期当初に伝えた経路と変わるかもしれません。

03 避難中

姿勢を低くしながら廊下に並ぶように指示します。教室に子どもが残っていないことを確認した後、避難を開始します。避難後は、人数と子どもの様子を確認します。安全を確保した後でも、他の学級を手伝うなど、行動できることはないか考えるようにしましょう。

04 事後指導

事後指導では、自分の行動についてふり返りを行います。もし、危険な行為があった場合には、毅然とした指導をします。また、子ども自身に火災時の状況を想像させたり、関連する映像を見せたりしながらふり返るのも効果的です。

遠足

ねらい

遠足を通して、見識や知見を広め、自然や文化などに親しむとともに、集団生活の在り方や公衆道徳などについて望ましい体験を経験することができる。

しおりについて

4年生になったので、自分で遠足に向けての準備を行うように伝えていきましょう。しかし、保護者の協力も欠かせません。そこで、しおりに記載する内容は、あらかじめ学年で確認しておきましょう。

〔しおりに記載する内容〕

・遠足の目的　・日程　・目的地　・服装
・行き方　・持ち物
・利用する施設の紹介　・注意事項

当日までに確認しておくこと

遠足は、当日までに確認しておくことがたくさんあります。準備をきちんとしておくことで、当日に実りある活動を行うことができます。

〔下見で確認しておくこと〕

・危険な場所はないか
・どのような活動ができるのか
・集合場所はどこにするか
・トイレはどこにあるか
・お弁当はどこで食べるのか
・雨天の場合は、どうするのか
・事前指導用の写真を撮影すること
・公共交通機関を利用する時刻

〔当日までに確認しておくこと〕

・しおりの作成
・班決めは必要か
・書類や交通費などの事務手続き
・学年で共通して指導しておくこと

当日に留意すること

01 子どもの健康観察

当日、子どもが熱中症などで体調を崩す場合があります。教師は、帽子を被らせたり、水分補給の声かけをしたりしながら、子どもの表情をよく観察しておきましょう。また、気分がすぐれない場合は、必ず担任に伝えることを子どもと約束しておきましょう。

02 移動について

道路を歩く際には、安全面や周りへの迷惑に気を付けて引率しなければなりません。出発前に、広がらないようにすることや道幅が狭いときは2列から1列に、信号待ちの際には4列に素早く並ぶことなどを伝えておきます。ハンドサインなどがあってもよいです。

〈しおりに入れる情報〉

春の遠足

1　ねらい
□□□□□□□□□□□□□□□

2　日時
□□□□□□□□□□□□□
□□□□□□□□□□□□□

3　日程
□□□□□□□□□□□□□
□□□□□□□□□□□□□

4　約束ごと
□□□□□□□□□□□□□□□□□□□
□□□□□□□□□□□□□□□□□□

5　準備すること
□□□□□□□□□□□□□□□□

遠足でできるようにしたいこと、目標などを学年でまとめておく。事前指導などで子どもたちと共有する

出発や帰る時間、当日の時程を見やすく掲載して、見通しがもてるようにする。保護者にお迎えなどをお願いする場合はここにも書いておく。

遠足のために必要な集団行動のルールや、訪問先のルールなどを書いておく。事前学習では、なぜそのルールを守るのかなどを考える時間をもちたい。困ったときの行動も書いておけるとよい。

遠足で必要なもちものや、前日までに用意が必要なものなどを記載する。前日までの健康管理についても書いておくとよい。

03 公共交通機関でのマナー

公共交通機関を利用する場合には、前日にマナーとルートの確認をしておきます。当日には、マナーを守った態度、どこで下車するのかなどの確認などを、自分たちで考えて行動できるようにしておきましょう。

04 写真撮影

遠足の中では、子どもたちの様々な表情が見えます。学校では見えにくい素敵な行動が見えることもあります。それらを写真に撮っておくことで、ふり返りに使うこともできます。また、学級通信などに用いて、保護者に発信することもできます。

6月 「うまくいかない」を楽しむ心を育てる

▶6月に意識すること

・学級の心理的安全性を確かなものにする
・「うまくいかない」を大切にできるようにする
・子どもたちのふり返り力の成長を支える

6月の学級経営を充実させるために

●子どもたち同士がさらに「自分」を出せる場をつくろう

4月に比べて、子どもたち同士のつながりが生まれてきたでしょう。4月当初に見られた緊張感もかなり薄れているはずです。ここで、「お互いの心理的安全性が保たれているか」を基に学級の様子を捉えるようにします。
「安心して自分の意見を言えない」「衝突することを恐れている」となっていれば、それらを解決する指導や支援を考えましょう。心理的安全性が保たれているからこそ、子どもたちはより「自分」を出せるようになります。一人一人の「違い」が表れる学級にしたいものです。

●「うまくいかない」を楽しめる心を育てよう

自分（たち）で様々なことにチャレンジすると、「うまくいった」だけでなく、「うまくいかなかった」ことも出てくるでしょう。とても大切な経験です。だからこそ、子どもたちが「あぁ、自分たちで考えて行動するんじゃなかった」「やっぱり先生に任せておいた方が楽だ」と思わないようにしたいものです。

うまくいかなかったときこそ、「うまくいかなかった中でもこの部分はうまくいったな」「次はこうしてみよう」と新たに考えることを楽しめるようにします。教師が子どもたちの試行錯誤を楽しく受けとめていると、子どもたちも楽しめるようになるでしょう。

注意事項

4月当初の緊張感も薄まり、子どもたち同士の関係性ができてくると衝突が増えるようになります。お互いにかかわり合ったり、「自分」を出そうとしたりしているからこそ生まれるものです。解決の仕方を学べるようにして、さらに濃いつながりが生まれるように支えましょう。

ケンカへの対応

▶ねらい

お互いに「自分」を出せるようになってくると衝突やケンカが増えるようになります。衝突やケンカをきっかけに、お互いの関係がより深まるようにしたいものです。最初は教師がケンカを仲裁しますが、徐々に子どもたち同士で解決できるようにします。

内容

すぐに「ケンカしてはだめでしょう」「○○してはだめでしょう」と指導しようとはしません。「何が起きたか」「何があったのか」といった事実を丁寧に把握してから、子どもたちといっしょに解決できるようにします。

①ケンカを止める
②興奮している場合は、落ち着きを取り戻せるようにする
③「どうしたの？」と問いかけて、「何があったか」を話せるようにする（１人ずつ自分の言葉で）
→起きた順序でいっしょにふり返れるようにする。相手のことばかりではなく、自分のことを話せるようにする
④ ③を基に、ケンカが起こるまでの経緯やケンカそのものの内容等をいっしょに確認する
⑤「どうすればケンカにならなかったかな？」と問いかけて、改めて今回起きたことをふり返れるようにする
→相手のことばかりではなく、「自分がこうすればよかった」を見つけられるようにする
⑥「ここからどうしたい？」と問いかけて、解決に向けて必要なことを考えられるようにする
→単に「ごめんね」「いいよ」で終わらせない。本当にお互いにとってのよりよい解決を見つけられるようにする。今後の過ごし方やこれから意識したいことを考えることも含める
⑦子どもたちの今後を丁寧に見取る。⑥で考えたことを行動に移せていれば、そのよさをきちんとフィードバックする

ポイント

・子どもたち自身がそのときに起きたことや感情を見つめ直すことができるようにしましょう。
・「相手のせい」にしたがる子もいます。それよりも「自分」に目を向けられるようにします。
・この時間だけで「解決」とはなりません。その後を丁寧に見守るようにしましょう。

教室掲示③

ねらい

学級の全員で協力してできる一つの壁面作品をつくることを通して、子どもたち同士が助け合ったり話し合ったりしながら、互いを知る機会をつくる。

指導のポイント

季節に合わせて壁面を変えると、時の流れを意識できるだけでなく、学級の雰囲気が温かくなります。また、協力の証が壁面にあることで、子どもたち自身が成長を感じることもできます。

6月は、アジサイ、カタツムリ、カエル、雨傘、梅雨、虹、長靴など折り紙にできそうなものがたくさんあります。

子どもたちに「6月といえば？」と問い、季節の言葉を共有しながらイメージを膨らませて、壁面掲示を作成しましょう。

ハートをたくさん折って虹をつくったり、アジサイにカエルやカタツムリを乗せたりするのもおすすめです。

みんなで一つの壁面折り紙を完成させた後は、子どもたちがつくりたいものをつくってアレンジするとさらに「学級らしさ」を感じられます。

活動の展開

01 折り紙を４等分して、座布団をそれぞれ４つ折る

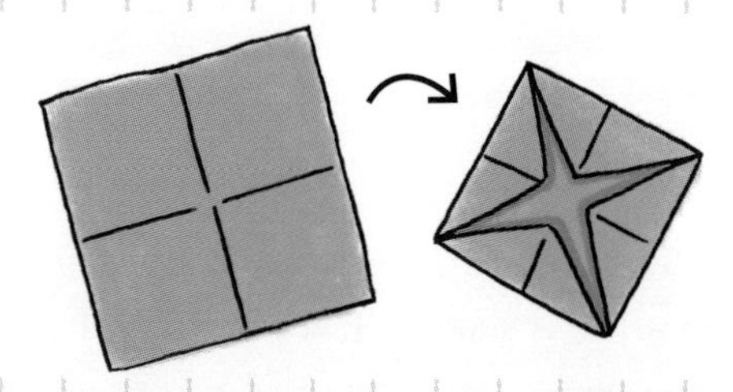

１辺15cmの折り紙を４等分します。各頂点から中点に向かって折り、さらにもう一度折ると座布団ができあがります。これがアジサイの一つの花になります。

02 台紙の色画用紙を各グループに１枚配り、座布団を貼り付ける

手のひらサイズの台紙を色画用紙でつくり、各グループに１枚配付します。グループで協力して花を重ねながら貼り合わせていきます。水のりを使うと粘着効果が高いです。

教室掲示で季節を取り入れる

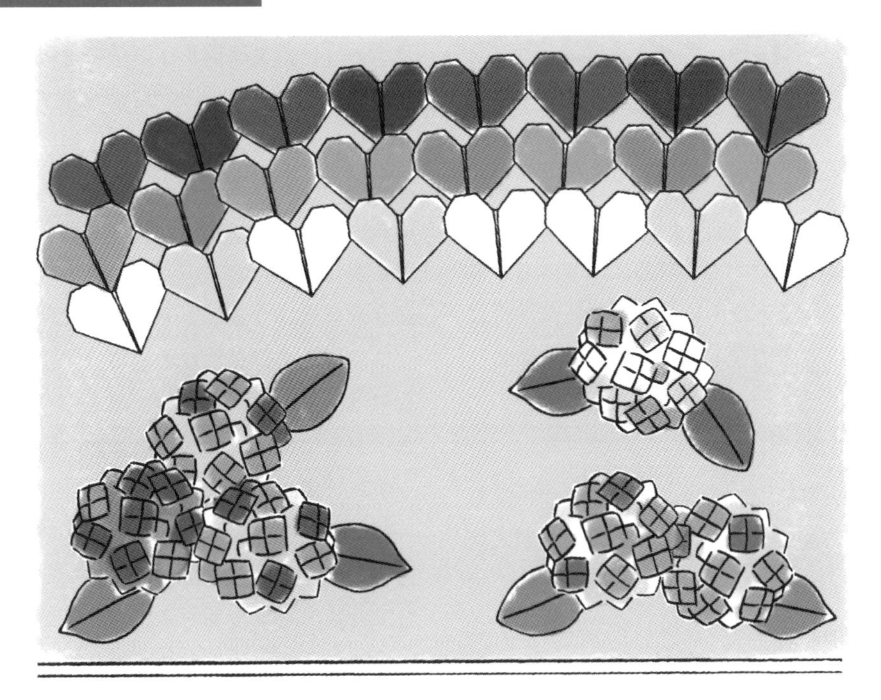

アイデアを出し合って、その学級オリジナルの掲示にします。
日本や世界の季節の行事を調べたり、旬の食べ物について学んだりしてもよいでしょう。

03 4等分した緑色の折り紙で、葉を2枚つくる

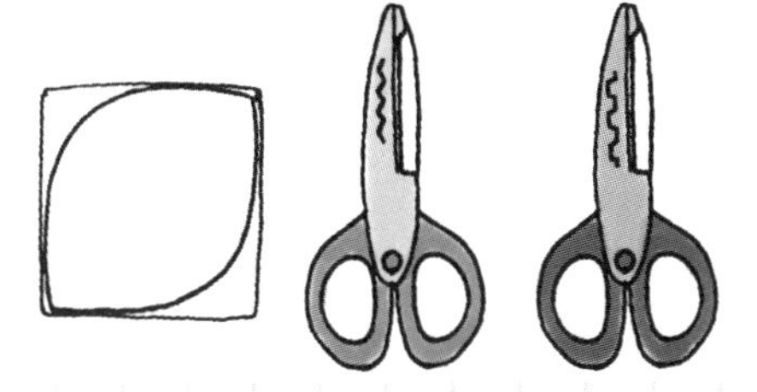

1辺15cmの緑色の折り紙を4等分し、葉の形に切ります。ギザギザに切れる刃のはさみを使うと、より葉のイメージに近づきます。

04 葉を台紙に貼り付けたらできあがり

台紙にのりで葉を付けるとできあがりです。同系色でまとめて掲示すると、色鮮やかで美しい壁面掲示になります。

登下校の指導

ねらい

登下校の安全について継続的にふり返るようにすることで、登下校中に想定される危険性にていて考え、安全に登下校できるようにする。

指導のポイント

登下校の指導については、投げ込みの授業を１時間することよりも、日頃の積み重ねが大切です。少なくとも、学校近くで事故があった場合や季節の変わり目などには、必ず指導をします。また、何かあった場合だけでなく、登下校中にあったよい話も子どもたちに伝えていきましょう。交通ルールに関すること、地域の方との関わり方、災害の危険性など、伝えるべき内容は多くありますので、その都度、話題を絞って伝えましょう。

その時期に応じた指導を

６月は、梅雨の時期です。雨が多くなってきますので、雨具が関係する子どものトラブルが出てきたり、雨による事故が起こったりします。他にも、暑さによる熱中症への警戒、台風が近づいてきたことで風が強くなること、寒くなってきたことによる路面の凍結など、天候による変化があります。工事によって、日常とは違う登下校になることもあります。

このように、登下校の環境に変化があった場合には、トラブルや事故が起きやすくなることを子どもに伝え、それらを未然に防ぐには、どうすればよいかを考える機会をとりましょう。

不審者情報が入った場合には、学校が警察と連携した動きになるはずです。子どもたちには、友達と登下校をすること（一人で登下校しないこと）や危険を感じた場合に取る行動を伝えましょう。

指導の展開

01 社会科の学習と絡めて

４年生の社会科では、「地域の安全を守る人々」の学習があります。この学習では、地域における災害、それらに備える関係機関について学びます。この学習と合わせて自分たちの地域には、どのような危険性があるかを実際に調査するとよいです。日頃、当たり前に通っている通学路についての危険に気付くことができます。また、資料によっては、自分たちが事故や災害に遭っていないだけということにも気付く機会になります。

調査したことを他学年や地域に発信することもおすすめです。自分たちが発信する側になることで、安全に対する意識が高まることでしょう。

02 地域の方の話を

地域には、子どもたちの登下校の見守り活動をしてくださっている方がいます。その方々にゲストティーチャーとして、下記のような点を子どもたちに話をしてもらいましょう。

・普段は何をしているのか
・なぜ見守り活動をしているのか
・見守り活動の頻度や時間について
・子どもたちの様子を見守っていて、感じていることは何か
・子どもたちに期待していることは何か

地域の安全は、多くの人の思いと行動からできていることに気付けるとともに、自分たちも地域の一員であり、地域の安全に関わっている意識をもたせたいものです。

登下校の様子

地域の人にあいさつ

雨の日の登下校

登下校の様々な危険

横断歩道（交通事故リスク）

不審者

ゲストティーチャーを迎えるときは

見守り活動を行う地域の人を招いてゲストティーチャーとしてお話しいただくことで、地域の一員である自覚や安全について気をつけることを知る。

雨の日の過ごし方

ねらい

雨の日が多くなる季節でも、教室で落ち着いて過ごすことができる。担任からの注意を増やすことなく、自分たちで考えて行動する力を養う。

指導のポイント

6月は、学級が崩れやすくなる時期です。それは、4月からの学級づくりがうまく機能しているかどうかに加え、梅雨が始まることで外で遊べなくなったり、じめっとした空気が鬱々とした雰囲気をつくり出したりすることも要因の一つです。

子どもへの注意や叱責を減らし、気持ちがプラスに向かうような声かけを増やすため、雨の日のルールをしっかりと決めておきましょう。

ルール共有の例

◆静かにできる遊びをする。
◆読書をする。
◆教室やろう下は歩く。

持ってきてもいい物

百人一首
トランプ
UNO

活動の展開

01 雨の日の過ごし方や危険性について考える

雨の日の学校生活について、どんな過ごし方が望ましいかは、子どもたちはこれまでの経験からすでに知っているでしょう。

その正しい過ごし方を「当たり前」とするのではなく、どうしてそのような過ごし方をするのかを考える機会をつくります。

そこで、「雨の日の学校内は、どんな危険があるのだろう」と問い、まずは、ペアやグループで考えさせます。

- 床が滑りやすくなる。
- みんなで教室で騒ぐと、静かに過ごしたい子に迷惑がかかったり、緊急放送が聞こえなくなったりするかもしれない。

このような意見を交流すると、休み時間だからといって、自由に過ごしてしまうと、みんなが落ち着いて過ごす教室環境が損なわれる可能性があることに子どもたちは気付きます。

そこで、雨の日の学校生活について、どうすればみんなが気持ちよく過ごせるかを話し合います。

- 静かにできる遊びをする
- 読書をする
- 教室や廊下は歩く

など、自分たちでルールをつくることで、決められたことに対する意味を考えて行動できるようにします。

02 雨の日の過ごし方を明記する

4年生になると、休み時間を充実させるために、子どもたちから色々と提案を受けることがあります。

その場その場で返事をしてしまうと、後でズレが生じてしまったり、他のクラスとの調整ができていなかったりすることがあります。これは、子どもたちの不公平感につながり、学級・学年運営がうまくいかなくなる要因になってしまうかもしれません。

子どもたちからの提案は、一度受け止めて、学級会などの場でみんなに確認したり、学年会で他の先生と相談したりすることが大切です。

例えば、雨の日の遊びについて子どもから「カードゲームがしたい」と提案があったとします。この場合は、「カードゲーム」という枠組みが広いことから、どんなゲームがしたいかを具体的に聞いたり、なぜカードゲームが雨の日にふさわしいかを問い返したりするようにしましょう。その後、学年やクラスで相談し、「百人一首」「トランプ」「UNO」のみ雨の日にしてもよいことになった場合は、これを必ず画用紙などに書いて、掲示しておきます。

「雨の日の過ごし方」を明記することで、子どもたちは、自分たちでつくったルールを守りながら過ごし、教師は注意や叱責を減らすことができるでしょう。

人権学習①

ねらい

戦争があった頃の話を知り、平和の大切さに気付いたり、平和な生活を続けていくためにどうしたらよいかを考えたりする。

指導のポイント

写真や動画などの資料を基に、感じたり考えたりする機会をつくります。子どもたちの中には、戦争はおそろしい、こわいという気持ちが込みあげてくるかと思います。さらに、平和であることへの感謝の気持ちや、自分たちも平和を続けていきたいと、ぼんやりとした気持ちでも育むことができるように、子どもたちからのつぶやきや発言をつないでいきたいところです。

「平和」も人権のひとつ

年間を通して、平和について考える日があります。地域によって様々だと思いますが、その中でも、私は

- ６月23日　沖縄慰霊の日
- ８月６日　広島原爆の日
- ８月９日　長崎原爆の日
- ８月15日　終戦記念日

の４日間は、ゆっくりと考える時間をつくりたいと考えています。１学期末や夏休み中に「平和集会」を行う学校も多いことと思います。ぜひ、６月に一度、沖縄について考えてみてはいかがでしょうか。

戦争の残酷な、悲惨な映像を見せるよりも、平和について考える「絵本」やそれぞれの県が制作している「平和のサイト」を使うことをおすすめします。

活動の展開

01 写真や詩を見て考える

現在の沖縄の写真を見せます。「外国みたいだ！」「きれい！」と驚いた様子が見られます。この美しさの向こう側で悲しい出来事があったことを説明します。

そして、「平和の礎」には、国籍を問わず、戦争で亡くなった方の名前が刻まれていることを説明し、「この平和の礎についてどう思いますか」と尋ねます。

子どもたちは、戦争にはたくさんの人が巻き込まれること、国籍や立場は関係なく、全ての命が大切であることに気付きます。悲惨な出来事があったとしても、一人一人を尊重する大切さを改めて確認します。

02 平和の詩を聞く（見る）

毎年、沖縄全戦没者追悼式では「平和の詩」が朗読されます。当日は動画配信され、翌日には新聞にその内容も掲載されます。

同じ世代の子どもたち（小学生から高校生）が平和について考え、自分の言葉で表現し、朗読します。あの姿を動画で見せることをおすすめします。

大勢の前で、気持ちを込めて伝える姿を目の当たりにした子どもたちは、思わず息をのみます。子どもたちにとっては、学級で挙手し、発表することさえ、勇気がいる行為です。あの平和祈念公園で語る児童・生徒の姿を見て、「すごい」とつぶやきます。「平和」について自分ごととして考え始めたのだなあと思いますよ。

令和×年度（20××年度）
小学校　４年生　学級だより
20××年６月25日

平和について考えよう～沖縄慰霊の日～

6/23　道徳
1945年（75年前）
3月　沖縄戦
地上で戦いがあった
24万1593人が
亡くなった

沖縄にとって
とても大切な日
6月23日

沖縄慰霊の日
6年生
山内さん

戦争のこと
・かなしそう　苦しみ
・ざわわ　さとうきびがゆれる音
風が気もちよさそう
・前向きに生きよう

家族や友だちと笑い合える
未来へ夢をもつ
戦争のかなしさを知って
伝えていく

沖縄
海がきれい
気もちよさそう
暑そう
魚がいっぱいいそう
行ってみたいなぁ
外国みたい
ハワイみたい
ヤシの木みたい
花がきれい

４年生のみなさんに、現在の沖縄の写真を見せました。「ここはどこでしょう？」と尋ねると、外国とすぐに答えてくれました。沖縄と知って、びっくり。

美しい風景や外国のような街並みが印象的な沖縄。でも、75年前は、沖縄戦でとても悲しい思い出がある場所です。

6月23日　沖縄慰霊の日を知ってほしいなあと思いました。「平和の礎」の写真や**森山良子さんの歌「サトウキビ畑」、昨年度の追悼式典で読まれた小学6年生の詩（動画）**から平和について考えました。

みなさんの感想から、少しずつ紹介します。

☆〇〇さん
戦争は怖いと思いました。ぼくは家族を大切にしようと思いました。

☆〇〇さん
「本当の幸せ」を聞いて、あんなきれいな沖縄県に戦争があって、たくさんの人が亡くなったと聞いてびっくりしました。

☆〇〇さん
沖縄で戦争があったことを初めて知りました。山内さんの詩を聞いて、私も「戦争は二度としたくない」と思いました。

☆〇〇さん
いろんな人たちやいろんな国の人も亡くなってかわいそうでした。沖縄の人は敵の人が亡くなっても、礎に書いてあげるのがすごいことだなあと思いました。沖縄の人たちは、戦争相手国の亡くなった人たちの命も大切にしているんだなあとすごいと思いました。

☆〇〇さん
さとうきび畑の歌を聞いて、戦争のことや森山さんの気持ちがこもっていてとてもいい歌でした。今日勉強してもっとくわしく知ろうと思いました。

☆〇〇さん
山内さんの書いた詩「本当の幸せ」は今だと思いました。今は戦争ではなく、病気で何百、何千の人が亡くなりました。でも、いつか希望の光が見えてくるかもしれません。図書室で私は『沖縄　島のこえ』という本を見つけました。「命（ぬち）どぅ宝」の意味は、「命こそ宝」という意味です。

８月15日終戦記念日まで、戦争や平和について考える機会が多くなると思います。戦後75年の今年。おうちで、おじいちゃんやおばあちゃんから、戦争の話を教えてもらうことが増えたようです。おうちでの話題になっていてうれしく思います。あたたかな気持ちが広がることを願っています。

宿題指導②

ねらい

自分の宿題への取組をふり返ることで、今後の取り組み方について考えることができるようにする。また、新しい内容も取り入れて子どもの意欲を高めるようにする。

指導のポイント

4月の宿題指導と日々の取組によって習慣化ができてくる一方で、飽きも見られるようになる6月。自分の宿題への取り組み方を点検して、今後の取り組み方を確認できるようにします。このとき、子どもはできていないことに目を向けがちですが、4月から自分が頑張ったことやできるようになってきたことに目を向けてふり返るように助言することが大切です。日々の積み重ねが自分自身の成長につながっていることを実感できる時間にしましょう。その上で、「このままの取り組みを続けていく」や「丸付けを忘れずにして、すぐに直しをする」など、今後の向き合い方を考えられるようにするとよいでしょう。

また、宿題への飽きを防いで、意欲を高めるために新しい宿題を取り入れてみることもおすすめします。例えば作文です。「4月からの2ヶ月で心に残っていること」や「先生ちょっと聞いてください」といったテーマで自由に書くと教師にとっても気付きがあります。他にも「読書30分間」などを取り入れてみてもよいでしょう。ちょっとした変化が子どもの意欲を高めることにつながるかもしれません。これらは、一部を変更して出してもよいですし、思い切ってガラッと内容を入れ替えてもよいです。ただし、このタイミングで子どもが「宿題が増えた」と感じてしまうことは避けたいです。これらの宿題をランダムに出してもよいですし、「○曜日はこの宿題」と設定して習慣化を図ってもよいでしょう。

指導の展開

宿題を見返す

4月から取り組んでいる宿題のノートやドリルなどを見返す時間を取ります。その際、「初めの頃と比べてどんなところがよくなっているかな？」「どんなことを頑張れているか自分で見つけてみよう！」と伝え、よい点に着目してふり返ることができるようにします。

可能であれば友達と宿題を交換して、いいところ見つけをしてみるのもよいでしょう。

自分の取組を十分に認める時間を取った上で、これからの宿題にどのように取り組んでいくかを確認するようにします。その際、

①「これまでどおりに続けていく」
②「少し頑張るポイントがある」
③「かなり頑張るポイントがある」

などの基準を示して、②と③の場合は具体的にどのように取り組めばよいかをいっしょに考えるとよいでしょう。その内容が宿題でできていたときは、いっしょにその事実を認め、喜び合うようにします。このふり返りが自分でできるようになり、宿題指導③（P.118）へとつながっていくようにします。

02 新しい宿題①　～作文～

「ポイント」に書いたようなテーマを設定して作文を書くようにします。作文指導というよりも書くことを楽しむ機会とするため、書き方を指定したり枠を用意したりせずに自由に書くことができるようにします。まずは家で文章を書くことに慣れることが大切です。

03 新しい宿題②　～読書～

読書を宿題として、家でじっくり好きな本を読むようにすることもよいでしょう。作文と同様に内容を指定したり、記録を書かせたりせず、とにかく読書を楽しむ機会としましょう。厳しくチェックせず、「どんな本を読んだの？」と聞くとよいでしょう。

授業参観②

ねらい

日本の地理に関して、クイズ形式で地図帳を活用しながら調べる活動を通して、都道府県の位置や地方名、日本を囲む海洋などに関心をもつことができる。

指導のポイント

１度目の授業参観で、保護者には通常どおりの授業の様子を参観していただいています。２回目の授業では、友達と楽しそうに学んでいる子どもの姿を伝えたいものです。

そこで、本時では２人で１冊の地図帳を使うようにします。この手立てにより、友達と協力しながら調べることができます。地図帳で調べる活動は、子どもからすると、宝探しをするような感覚です。非常に楽しんで活動できるので、おすすめです。

活動の展開

01 クイズでスタート

日本地図は、休み時間のうちに板書するとよいです。子どもたちが「あ、日本地図！」と言い始め、次の授業への関心が高まります。

授業開始と同時に「『川』の付く県は？」とクイズを出します。地図帳はペアにつき１冊としていますので、必然的に対話が始まります。また、答えやすいクイズですので、たくさんの挙手が期待されます。活躍できる子どもを増やすため、教師はそれぞれの子どもの席へ回り、耳打ちで答えさせます。何人かが耳打ちした後、指名、発表、板書という流れです。子どもの意欲が高まってきたところで、「今日は、47都道府県クイズ大会をするよ！」と投げかけます。

02 その県は、どこにあるの？

クイズの答えである都道府県を板書した後、「香川県は、どこにあるの？」というように問いかけていきます。すると、子どもたちなりに説明を始めます。説明の際、「本州」「瀬戸内海」といった重要語句、地方名や海洋名などが使われるはずです。それらを板書していくことで、周りの子どもたちに位置を教えることができます。「え？　どこ？」と教師がとぼけることも子どもが動き出す手立てとなり、有効です。

全ての都道府県で問い返す必要はありません。引き出したいキーワードがある場合に、問い返しを行うようにすると、テンポよく授業が進みます。

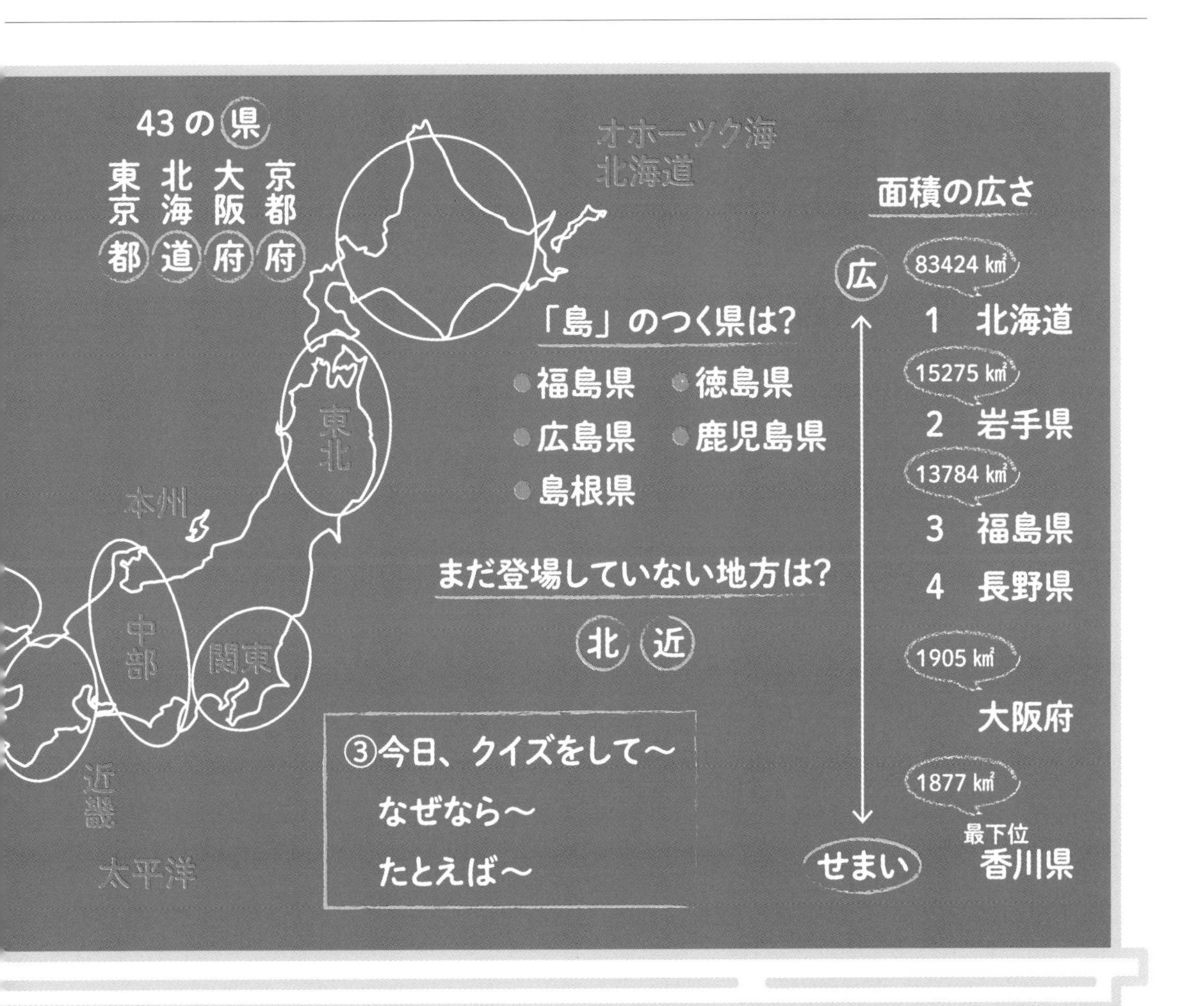

03 面積が広いのは？狭いのは？

上の板書の授業では、「名前に『川・島』の付く県は？」「まだ登場していない地方は？」の３問で、調べました。北海道地方の話になったところで、「面積が一番大きいのは？」と問うと、「北海道」と返ってきますので、「２位、３位は？」と問い返しましょう。子どもたちは必死で調べ始めます。すると、「こんなページがあるよ」「本当だ！」と地図帳の面積についてまとめられているページに気が付きます。自然と自分たちの住む都道府県の面積を調べ始めることでしょう。

このような場面から、友達の発見に感心したり、自ら調べ始めたりできる子どもの姿を保護者に伝えたいです。

04 ふり返りを発表する

各自でふり返りをまとめ、提出できた子どもから授業を終えることがあります。

しかし、参観の場合は、可能な限りふり返りを発表させます。楽しいだけの授業ではなく、学びのある授業であったことを保護者に伝えるためです。時間にゆとりがあれば、各自でまとめたふり返りを保護者に見せにいかせることもできます。残りの授業時間が短い場合は、ふり返りをペアで話させてもよいです。くれぐれも延長はしないようにしましょう。

授業における子どもの成長を伝えることは、保護者の安心、教師への信頼につながります。

学級懇談会②

ねらい

4月からの2ヶ月で、子どもたちがどのように成長したか、どのような頑張りが見られたかを伝え、いっしょに認める場をつくるようにする。

ポイント

ポイントは3つあります。1つ目は4月の保護者懇談会で伝えた1年間の学級の運営方針について、担任から見た現在の状況を伝えることです。順調な点はもちろんのこと、課題についても共有することで、保護者の協力が得られるようにします。どのような課題が見られて、今後どのように向き合っていこうと考えているのかを伝えることが大切です。2つ目は授業について話すことです。懇談会は学習参観とセットになっていることが多いと思います。授業を見た保護者に対し、具体的な場面を取り上げながら、普段どのようなことを意識しながら学習を進めているのかを伝えるようにします。例えば、算数科の学習であれば、「問題の解き方をノートに書いた後に、4人グループで話し合う時間を取っていたのをご覧になられましたか？どの教科でもあのように少人数で話し合う時間を取るようにして、自分の考えを伝えたり、友達の考えを聴いたりできるようにしています」というような感じです。担任として子どもに付けたい力や大切にしている活動について話しましょう。3つ目は保護者が話す時間を設けることです。これは学級懇談会①のページにもあるように、保護者同士のつながりをつくる場にすることが目的です。4月に保護者から出された思いや悩みがどのように変化したのかを担任として聞き取り、またファシリテーターとして他の保護者に話を振って、つないでいくようにします。

この3つをうまく時間配分して進めることがポイントです。

活動の展開

01 現在地を伝える

4月の懇談会で伝えた内容をふり返った上で、この2ヶ月間で集団として成長したことや子どもたちが頑張っていることを伝えます。具体的なエピソードを交えると、保護者にも伝わりやすいでしょう。そして、今後の課題についても共有できるようにきちんと伝えます。例えば、「優しい子が多く、困っている子に声かけをしたり作業を手伝ったりする姿が見られます。一方で、もっと自分の思いを伝え合ってもよいと感じる場面があります。伝え合って関係を深められるようにしていきたいです」というような感じで伝え、保護者にも方針について理解し、協力してもらえるようにします。

02 授業について伝える

6月の授業参観では、普段どおりの授業を行い、子どもたちの平素の様子を見てもらうようにします。その後の懇談会では、授業で大事にしていることを伝えます。そのときも「ポイント」にあるような具体的場面を取り上げるとよいでしょう。そして、もし場の雰囲気がよければ、保護者にも授業を体験してもらうことをおすすめします。授業で実際にした発問や問題を保護者にも提示して、考えてもらったり、近くの人と話し合ったりしてもらいます。当日の内容で行うことが難しければ、他の日の授業で行った内容を体験してもらってもよいでしょう。

他にも保護者に見てもらいたい授業の場面がある場合は、事前に動画を撮影しておき、モニターに映しながら解説するとよいです。あれもこれも見せるというよりも自分が授業で大切にしているポイントが表れている場面に絞って提示するとよいでしょう。

03 保護者一人一人の話を聞く

４月の学級懇談会で保護者が話した内容（P.48）を簡単にふり返った後、「その後の様子はいかがですか？」「何か変化はありましたか？」と投げかけて一人一人に話を振っていきます。教師はメモを取りながらも、気になる内容があれば「もう少し詳しく聞いてもいいですか？」と深掘りして話を聞いたり、「他の方で似た経験をされている方はいらっしゃいますか？」と話を振ったりします。懇談会終了後もしばらくは教室を開放し、保護者同士が話すことができるようにしておきます。

保護者との関わり①

ねらい

保護者とつながるチャネルをもっておくことは大切である。ここでは一筆箋や電話を使って、学校での様子を伝えて、保護者・教師・子どもの関係を強化できるようにする。

ポイント

4年生になると、子どもは学校での過ごし方を保護者に伝えることが減ってきます。でも、学校での様子を気にしている保護者は多いはずです。そこで、一筆箋と電話という2つのチャネルを用いて、教師から見て頑張っていると感じたことや友達との素敵な関わりなどを伝えるようにします。特に休み時間の過ごし方や友達関係を気にする方は多いので、これらを中心に伝えるとよいでしょう。家庭での会話のきっかけにもなります。

活動の展開

01 一筆箋を書いて渡す

子どもと関わる中で見取った内容や気付きを個人カルテとしてメモすることを「家庭訪問」のページでも述べました。その個人カルテの中から「これは保護者とも共有したい」という内容を見つけて一筆箋に書きます。一筆箋については、「普段の様子をお家の人に伝えたいので、先生が気付いたことをこの紙（一筆箋）に書いて渡します。心を込めて書くので大切に届けてくださいね」と子どもに説明します。また、「一気に全員分を書くことは難しいので、日を分けて少しずつ書きます。必ず全員分を書くので安心してください」とも補説します。渡す際は休み時間などに一人一人に一言添えて直接届けるようにします。

〔文例〕
「休み時間に〇〇さんとオルガンを弾いて楽しそうに過ごす姿が印象的でした。友達との関わりが増えています。」
「休み時間にクラスのみんなに声をかけてドッジボールをしていました。家庭訪問でお伝えしたリーダー性が発揮されています。」
「朝の会の日直のスピーチで、昨日あった出来事を順序立てて話すことができていました。」
「当番の仕事として、学級文庫の整理をしていました。おかげで本が手に取りやすくなりました。」

個別にがんばりを伝えられる一筆箋

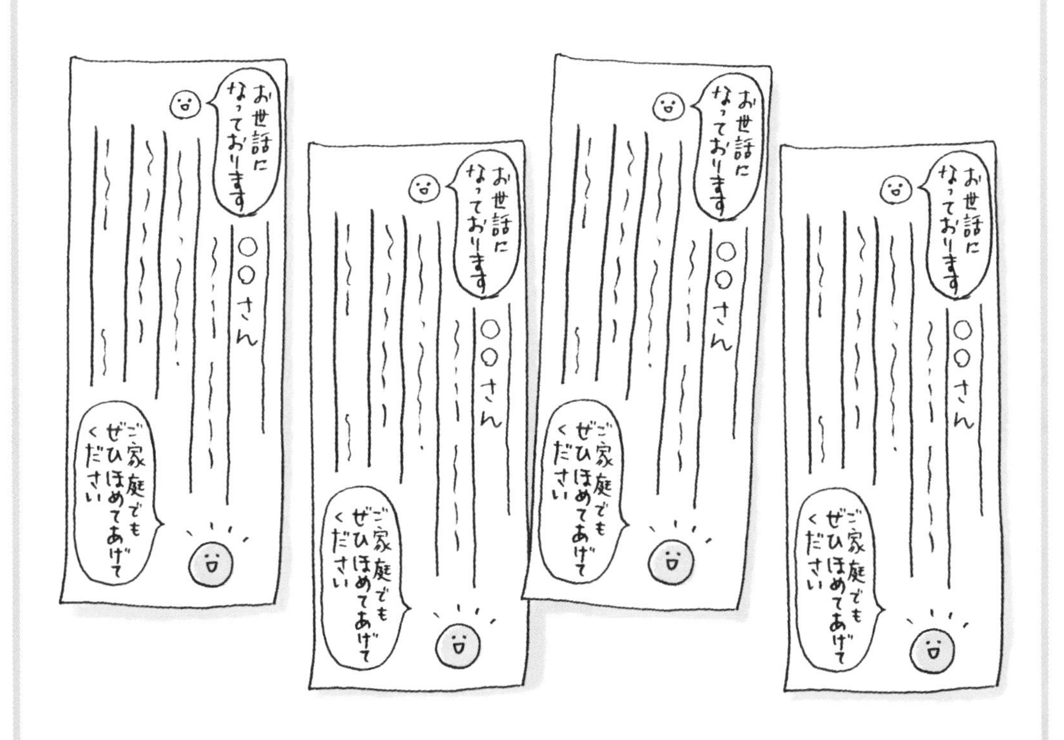

個別にもらえてうれしい気持ちになる分、全員に同じ数渡せるよう留意する。

02 電話で伝える

一筆箋で書き切れない内容やとても印象的だった内容は、電話で伝えることをおすすめします。その場で保護者の反応を聞くことができる上に、最近の家の様子についても話を聞くことができます。「○○さん、最近〜を頑張っていて、とても感心します。どうしてもお伝えしたくて電話しました」と簡潔に伝えるとよいでしょう。ただし、忙しくて電話に出られない保護者や、学校からの電話は何かよくないことがあったのではないかと心配に思う保護者がいるということを知っておくことも大切です。事前に学級通信などで、「電話でお子さんの様子をお伝えすることもあります」など知らせておくとよいでしょう。

03 定期的に行う

一筆箋と電話は、学級通信とは異なり、個別に頑張りや成長を伝えることができます。頻繁にすることは難しいですが、定期的に実施して保護者と子どもについて共有することは大切です。自分でどれくらいのペースで発信するか（できるか）を考えて無理なく続けられるようにしましょう。

誰に一筆箋を書いて、誰に書いていないのかを把握するために、名簿などに記録しておくことも大切です。子どもたちは一筆箋をもらうことがうれしいので、友達と「もらった」「もらっていない」という話をします。できるだけ、全員に同じ数が渡せるようにしましょう。

7月 1学期をふり返り、2学期につなげる

▶7月に意識すること

・自分たちの関係性に目を向けられるようにする
・１学期の成長を実感できるようにする

7月の学級経営を充実させるために

●２学期へのつながりを意識できるようにしよう

４年生になって初めての学期（１学期）が終わりを迎えようとしています。ただ単に「１学期を終わらせる」だけでなく、「２学期へつなげる」ことを意識します。

例えば、「今取り組んでいることで２学期にも続けたいことはどんなこと？」「係活動で２学期にチャレンジしたいことを見つけよう」とすると、子どもたちは自分たちなりに２学期の自分にも目を向けるようになります。１学期の終わりと２学期の始まりがつながるようになるでしょう。

●「できるようになったこと」をいっしょに見つけよう

４年生になってできるようになったことはたくさんあるはずです。子どもたちは「テストで○点を取った」「50mのタイムが１秒縮まった」などの分かりやすいものを成長として捉えるかもしれません。ただ、それよりももっと細かいことに注目できるようにします。
「自分で工夫して考えられるようになった」「ふり返りが充実するようになった」「自分から声かけができるようになった」など様々な「できるようになったこと」があるでしょう。こうした成長を子どもたちといっしょに見つけることで、１学期の日々を充実したものとして捉えるようになります。

注意事項

学期末になると「テストを終わらせないと」「もうあと○日で終業式」と焦るかもしれません。そうなると、目の前の子どもたちのことをじっくり見られないようになってしまいます。こんなときこそ、あえて「余裕をもつ」ことを意識して、子どもたち一人一人をじっくりと見つめるようにしましょう。

キラリ集づくり

▶ねらい

学期末に、子どもたちが一人一人のよいところに目を向けられる機会をつくります。何となく過ごしていては気付かない相手のよさに気付くことができるようになります。また、それらを整理してプレゼントすることで、子どもたちは自分のよさにも気付くことができるでしょう。

内容

子どもたちの書いた言葉を使って「４年○組キラリ集」をつくります。ICT機器を活用することで、教師も簡単に整理することができます。ICT機器の活用レベルが高ければ、教師が整理しなくても子どもたちと簡単に共有することもできるでしょう。

〈キラリ集の文例〉

Aさん	・とても明るくていつも笑っているので、一緒にいても嫌な気持ちにならない。困った時に近くにいたら話しかけやすい。毎日が楽しそう。 ・積極的に学習に取り組んでいて、４人組で話し合う時には１番話していて、４人をしっかりとまとめてくれるところがキラリ。 ・勉強の時には集中していて、みんなの意見もしっかりと聴いてくれる。しっかり聴いてくれるので、「しっかりと伝わっている」と安心して話せる。 ・「なるほど」「たしかにっ」と言ってくれて、自分の意見を大切に聴いてくれる。意見が違ってもそう言ってくれるのでうれしいし、ちょっと自信がつく。
Bさん	・分からないところがあったらすぐに助けてくれる。 ・楽しい話でいっしょにもりあがれるのがうれしい。いつも積極的に話しかけてくれる。 ・意見が共通することが多いので、お互いの意見が分かち合えるのがキラリ。 ・自分の意見をはっきりと主張するところがキラリ。意見を主張しなくてもじもじしたり、意見が決まった時にだれかの悪口を言ったりすることがない。ちゃんと言ってくれるのですぐ分かる。 ・分からないことがあれば正直に聴いてくれて、たまに自分でも「あれ、これなんだっけ？」となります。だから、聴いてくれることで２人共にとって得になるからいいこと。

ポイント

・「よいところを見つけなければならない」ではありません。それはしんどくなります。「お互いのよいところを見つけるよさ」を子どもたちが実感できるようにしましょう。
・キラリ集を通して、自分には気付かなかった「その子のよさ」に気付くことができます。

教室掲示④

ねらい

季節の行事（七夕）を楽しみながら、周りの人たちとの交流をより一層図る。

指導のポイント

1学期最後の1か月。7月は、子どもたちも楽しみな「七夕」が待っています。自分たちのお願いだけでなく、周りの学年や学級の友達にも楽しさを広げて、いっしょに幸せを願う活動をしてみてはいかがでしょうか。

季節の行事もまた楽しい

低学年のうちは、季節ごとの行事を学級活動として行うことが多くありますね。4年生になると、だんだん減っていくかもしれませんが、その季節でしか味わえない行事は大切にしたいものです。

特に、七夕では、願いごとを書きますから、一人一人のそのときの気持ちや様子も垣間見られ、子どもたちと先生の心の距離も縮まるきっかけになりますね。

また、周りの友達の考えや思いにもふれるきっかけになります。掲示物の見方を学び、一人一人の考えを尊重する態度や言葉づかいも価値付けていきたいところです。

さらに、他学年の先生方にも見やすい場所に掲示することをおすすめします。これまでに担任してくださった先生方も、願い事を読み、子どもたちと話すきっかけになります。周りの先生方が子どもの様子に気付き、サポートやフォローに入りやすくなります。

活動の展開

01 どんな飾りにするかを話し合おう

七夕の教室飾りを考えようと子どもたちに伝えます。みんなの願いを集めた飾りにすることを共有したあと、①どんな材料で飾りをつくるか、②短冊をどんな形にするとよいかの2点を話し合います。本物の笹を飾ることがなかなか難しいことも多いので、模造紙に色画用紙の笹を作ることが多いと思います。短冊の形にするか、星の形にするかなどを話し合い、みんなで合意形成していきます。型紙づくりなどは、学級全体で協力して行います。お願いごとの内容も一人一人異なり、友達を知るきっかけになります。

02 周りの学年も誘ってみよう

そのほかに、この七夕飾りを通してどんな願いを叶えたいかを子どもたちと話し合います。ある年は、学校を星（短冊）でいっぱいにしたいという思いが子どもたちから共有され、全校の子どもたちや先生方へ、星の紙を配りました。

周りの学年や学級にお願いをするとき、どのようなお願いの仕方をしたらよいかも学ぶよいきっかけになります。

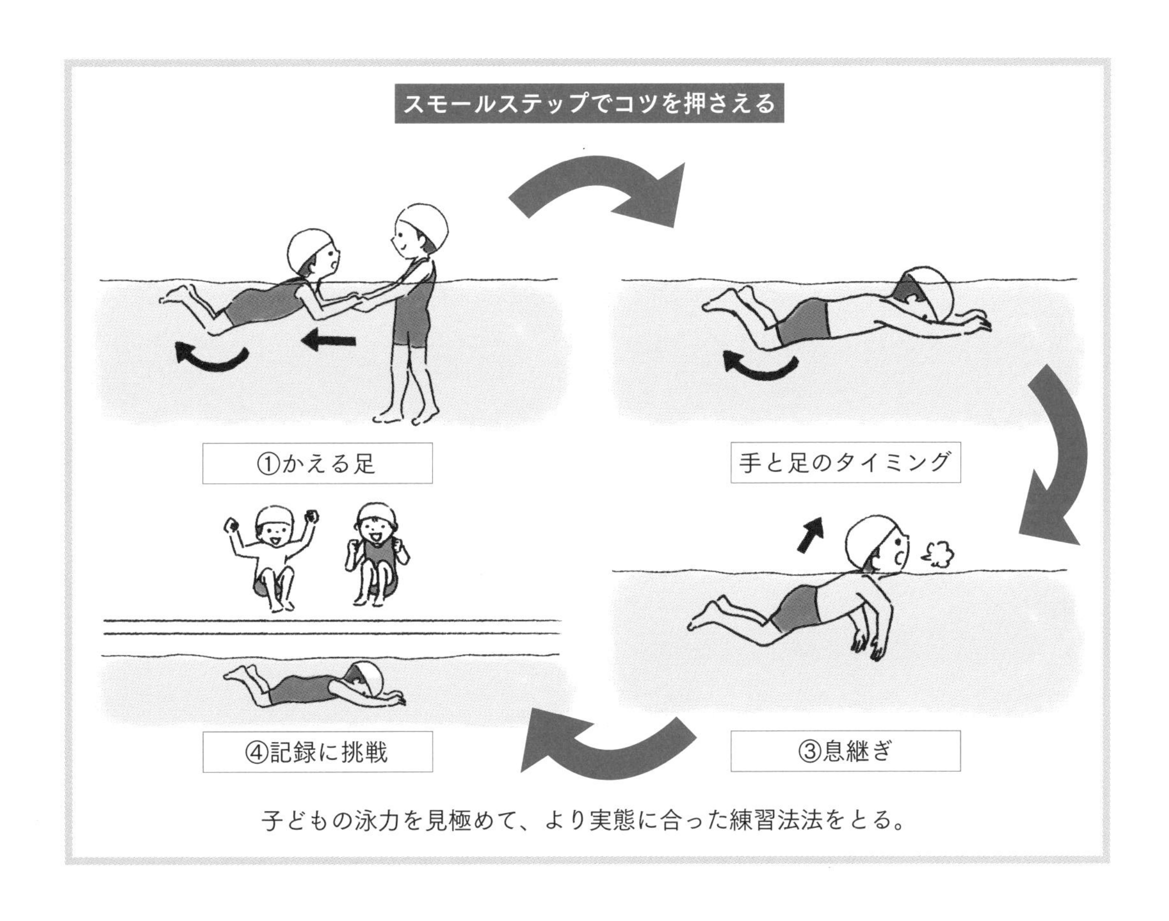

7月

03 息継ぎを練習しよう

04 記録に挑戦しよう

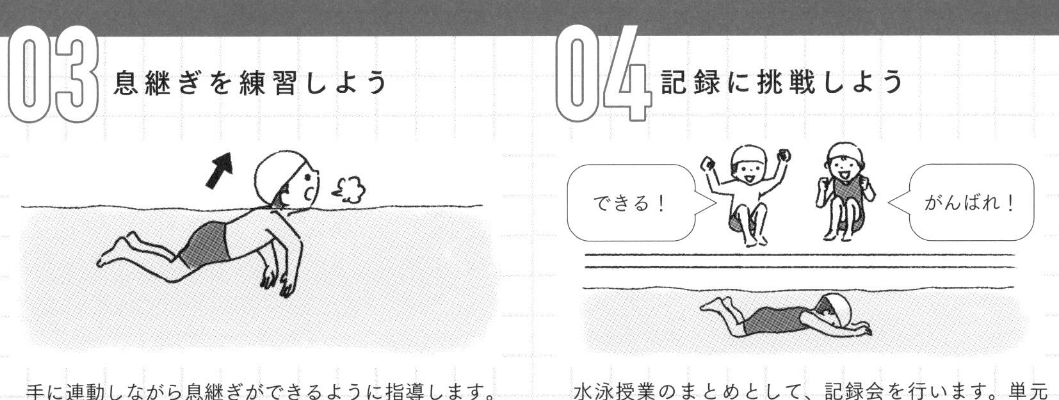

手に連動しながら息継ぎができるように指導します。指導では、息の吐き方を意識付けます。顔を上げると同時に、一気に息を吐かせることで、たくさんの息が吸えることを体感させていきましょう。体が沈みやすい子どもには、浮き具で支援することも効果的です。

水泳授業のまとめとして、記録会を行います。単元の初めには、事前に記録会を予告しておきます。記録会では、個に応じたコースを設定します。例えば、ビート板ありコース、浮き具ありコースなどです。子どもが、自分の成長を感じられる記録会にしたいものです。

自主学習①

ねらい

子どもが興味をもつ内容に対し、自分で調べ考えまとめるという学習ができるようにし、学習を自分の力で進めていく経験を積むとともに、探究的な学習の楽しさを味わえるようにする。

ポイント

子どもたちは授業や宿題に対して、無意識のうちに「みんな同じ内容を同じペースで進めるもの」「学校（先生）から与えられるもの」と捉えてしまっていることが多いように感じます。本来学ぶことは、自分の興味・関心に応じて、自分で進めていくものだというメッセージをこの取組を通して伝えます。まずは子どもたちの「やってみたい！」「楽しそう！」という思いを引き出すために、自主学習の見本を見せます。自主学習関連の書籍も様々出ていますし、インターネット上にも多数掲載されているので紹介するとよいでしょう。１回で終わらずに継続できるようにしていくことが大切なので、初めから色々なことを指導しすぎずに、子どもたちが好きなことを自由にまとめることができるようにしましょう。以下の３つが入っていればよいと思います。

① テーマ
② 調べて分かったこと
③ 考えたことや感想

何に書くかは自由ですが、ルーズリーフを用意しておき、完成した自主学習をファイリングしていけば、友達の自主学習を読むこともできますし、参考にして次の自主学習に生かすこともできるのでおすすめです。また、誰かに読んでもらう、見てもらうという意識をもって作成するときれいに仕上げることや、継続して取り組もうという意欲につながります。

活動の展開

01 教室の環境を整える

好きなタイミングで自主学習ができるように、ルーズリーフを自由に取れるようにしておいたり、他の友達の自主学習が見られるようにルーズリーフを綴じるファイルを学級文庫などに置いたりするようにします。ペンなどの筆記具も手に取れるようにしましょう。

02 自主学習を紹介する

まずは自主学習に関心をもち、やってみたいという意欲を高めることができるように、様々な自主学習を紹介します。あくまでも“自主”学習なので、ここが勝負です。見栄えのするものを選んでモニターに映すとよいでしょう。そして、「みんなも好きなものについて調べてまとめてみない？」と投げかけ、やる気に火を付けます。資料として家にある本を持ってきてもよいことも伝えておきます。

〔内容の例〕
- 好きな生き物について
- 好きな乗り物について
- 歴史人物について
- おすすめの漫画について
- 外国の文化について
- 読書に集中する方法　など

03 自主学習体験の場をつくる

図書室の本や家から持ってきた参考資料を使って、情報を集めて、ルーズリーフに書くように指示します。細かい指導は避け、調べることやまとめることを楽しむようにします。一人一人の内容のよいところを伝え、継続への意欲を高めるようにしましょう。

04 みんなの自主学習を紹介する

みんなの自主学習が集まってきた頃に、紹介したり見せ合ったりする場をつくります。友達の自主学習の内容を知ることが、今後の取組に生かされたり、自主学習への意欲の高まりにつながったりします。学級通信に載せて保護者に紹介するのもよいでしょう。

学期末学級会①

ねらい

4月にお互いを少しずつ知り、仲を深めてきた仲間とともに、1学期に頑張ってきたことをねぎらいながら、さらに仲を深める活動を計画し、行う。

指導のポイント

学期末の学級での集会活動を「お楽しみ会」という名称で捉えられていることが多くあります。その名のとおり、子どもたちが楽しみにしている活動のひとつです。「楽しい」だけを目的・ねらいにするのではなく、「学級集団としてどのような集団になりたい（なってほしい）のか」というねらいをもつことが大切です。そのために、目的意識や相手意識をもった学級会を行いましょう。

「学級会」とは

小学校学習指導要領では、「特別活動」の中の学級活動２(1)として、「学級や学校における生活づくりへの参画」について示されています。そこで、学級での課題を見いだし解決するための方法や内容をみんなで話し合う手段として、「学級会」があります。

３年生までに「学級会」を経験している子どもたちもいることでしょう。未経験や不慣れな場合は、話合いの進め方や解決方法の決め方、決めたことの実践（事後活動）など、一つずつ指導するとよいでしょう。集団生活で必ず課題は出てきますし、見つかります。そのときに、個人的な感情で留まったり、自分勝手な判断で困り続けたりしやすくなる発達段階でもあります。自分たちでよりよい解決策を出し合い、意見の違いも認め合い、折り合いを付けて決定していくことを学級全体で経験し、積み重ねることが大切です。

活動の展開

01 1学期の学級をふり返る

事前活動のひとつとして、自分（学級）をふり返る活動をしましょう。一人一人のよいところ・頑張ったところを認め合いながら、集団としての高まりや深まりを見つけるとよいでしょう。

02 学級会の準備をする

学級会を運営する計画委員会が、議題や活動計画を考え、学級全体へ提案します。その提案を基に、一人一人が学級のみんなで取り組みたいことを考えておきましょう。

7月

03 学級会を行う

事前準備を基に、学級会を行います。

〔議題例〕

・「1学期がんばったね集会をしよう」

・「もっと仲良くなろう集会をしよう」など

1学期は、人間関係が少しずつつながり始めたころなので、「仲を深める」ことをねらいにした会にするとよいでしょう。

子どもたちが出した意見の中から取り組みを決めるとき、「自分がやりたいこと」を優先してしまいがちです。そのときは、教師が集会のねらいや提案理由を確かめて、自他を認め合った意見のまとめ方をしていくようにしましょう。

04 事後活動も大切にする

学級会はあくまでも通過点です。決まったことを基に、全員が協力しながら集会の準備を行いましょう。一人一人に役割を分担し、自分のよさを発揮したり、友達のよさを見つけたりしながら、集会活動を行いたいものです。

掃除指導②（大掃除）

ねらい

大掃除の計画や活動を通して、学期の当番活動の成果や主体性など様々な成長を味わうとともに、環境が整うよさを実感し、日常に生かす態度を養う。

指導のポイント

大掃除は日常の清掃活動の集大成ともいえます。子どもたちの主体性を生かし、「１学期のたくさん使った教室をよりきれいにする」「２学期来たときに気持ちのよい教室にする」というねらいの基、子どもたちと清掃計画を立てます。清掃中は子どもたちの頑張りを見取ったり、ともに清掃に取り組んだりしましょう。清掃終了後には、きれいな教室を子どもたちと味わい、素敵な行動を取り上げましょう。

活動の展開

01 子どもたちと計画を立てる

１週間前に予告する

「普段できない所できれいにしたい所がないかな。」などと問いかけ、日常の清掃活動に取り組みながら、ピックアップしておきます。

ねらいを基に大掃除計画を立てる

「２学期学校に来たとき、どんな教室だったらいい？」と具体的にイメージする場を設けます。そのためにどのようなことができるかを話し合いながら計画を立てます。清掃箇所→清掃担当を決めた後は、担当ごとに手順やポイントを確認します。慣れてくると、掃除係などが学期末前にアンケートを取り、大掃除計画案を作成し、学級全体で練り合うようになります。（右ページ参照）

02 見取る＋味わう

清掃中

子どもたちの頑張りをしっかりと見ましょう。１学期の終わりは成長がよく見えます。いっしょに清掃活動に取り組むこともよいでしょう。

清掃終了後

子どもたちときれいになった教室を味わいます。「きれいな教室だとどんな気持ち？」などと問いかけることで、日常的に整理整頓や清掃への意識を高めることにつながります。また、きれいになった場所を具体的に取り上げ、班や個人の頑張りを共有していきます。みんなのために働く気持ちよさや協力することの大切さを改めて実感する機会となります。

[学期末清掃の見通しのもち方例]

―学期末清掃の計画表―

机・椅子の掃除（全員ですること）

①机・椅子の足のゴミ取りをする。
②机・椅子をワークスペースに出す。
③お道具箱や棚(たな)の中のものを机の上におき、棚(たな)を空(から)にする。
④テレビ・長机など、出せるものをすべてワークスペースに出す。
⑤班ごとに担当の掃除をする。
⑥すべてのものを教室に戻す。
⑦くつ箱掃除（先にやるかも）

1班　棚・テレビ台・窓のさんの水ぶき
2班　黒板のさんやチョーク入れの水ぶき
　　　黒板消しのクリーナー
3班　ワークスペースの椅子・棚(たな)・床の水ぶき・ドアやかべをふく
4班　教室の床の水ぶき
5班　机・椅子の水ぶき
6班　ほうきではく＆ほうき交換
7班　棚(たな)の整理・掲示物はがし（水飲み場のものもチェック！）
8班　掃除用具箱の水ぶき・ゴミ箱の水ぶき

その他（係でする仕事）

- 情報係：書画カメラなどを放送室へ

ここから先は、３学期だけやる作業です。

- 学習係：先生用三角定規・コンパスを図書室へ
　黄色マグネットだけ20個図書室へ
　ホワイトボード８枚、
　ボードマーカー黒８本、
　ボードマーカー赤８本を図書室へ
　「○○スタンダード学習編」を図書室へ

終業式

ねらい

1学期の成長を味わい、２学期に向けての意欲を高めるとともに、夏休みの過ごし方について理解し、充実した夏休みを迎えられるようにする。

指導のポイント

4月の出会いから、学級や一人一人が成長を遂げてきました。その成長を子どもたちと味わいながら、１学期の頑張りを自覚するとともに、２学期に向けての思いをもつ場を設定します。学級活動を行う際には、目的を設定し、成長を感じたり、活躍する子が増えたりすることが２学期につながります。

また夏休みの過ごし方についても指導しましょう。学校のルールを基に、学級の実態に合わせて必要な部分を取り上げます。

指導の展開

01 ４月からの成長を味わう場に

4ヶ月間、子どもたちとともに考え、ふり返ってきた軌跡をたどり、成長を実感する場を設定します。教師が一方的に語るのではなく、子どもたちに問い、出てきたことを価値付けたり、気付いていない視点を出したりして、子どもたちが自覚できるようにしましょう。

02 １学期お疲れ様会

学期末に学級活動でも、学級の育ちが見られるような関わりをします。会の目的を「１学期の頑張りを労い、みんなが楽しむ」＋「成長が感じられる」とします。目的があることで「４月は仲の良い子とばかり組んでいたけど、今は違うから猛獣狩りやレンジ鬼がいいな」「発表が増えたからそれを生かせる活動をしたい」など成長を捉えながら、活動を決めることができます。内容を決める話し合いを進める子や実際の活動を担当する子など活躍の機会を増やすことにもつながります。終わった後には、成長を価値付けるとともに「次は〇〇の成長が期待できそう」と伝えることで、次の活動につなげることができます。

[夏休み生活表の例]

学習のめあて

ドリルを２ページする。１日40分勉強する。

項目別に示すと具体的に目標を立てやすい

生活のめあて

10時までにねて、７時には起きる。

手伝いのめあて

お手伝いを１日３つする。

体力づくりのめあて

1日15分ストレッチ、毎日なわとび100回

数字を使うことでふり返りやすい。

03 夏休みの指導（学習）

生活表などで自分のめあてを立てる際には、まず夏休みの予定を想起できるようにしましょう。その上で、「できそうなこと」をめあてに設定します。数字を使うことで「○個お手伝いする」「○分○○する」と具体的になり、ふり返りがしやすくなります。

04 夏休みの指導（生活）

「事故や安全」の指導に加え、１学期の様子を見て、必要がありそうな指導は具体例を挙げながら、指導します。中学年は行動範囲が広がるため、校区外やゲームなどのネットトラブル、金銭トラブルも増えてくる時期です。予防のためには日常的な指導が不可欠です。

8月 客観的に学級を捉え、2学期に備える

8月に意識すること

・1学期をふり返り、2学期のスタートに備える
・2学期以降の学級経営計画を練り直す

8月を充実させるために

● 1学期の学級の様子を客観的に捉えよう

長い夏休みの間に、1学期のことをふり返るでしょう。ついつい「こうすればよかった」「ここがうまくいかなかった」と、できていないことに注目しがちです。もちろん、こうしたことに注目するからこそ、またよりよい学級経営を考えることができます。しかし、それればかりだとしんどくなってしまいます。

あえて、1学期の学級の様子を客観的に捉えるようにします。そうすると、一人一人のチャレンジやうまくいったことなどにも目を向けられるようになるでしょう。子どもたち、学級の現在地を冷静に捉えたいものです。

● 2・3学期に取り組みたいことを見つけよう

1学期の学級経営についてきちんとふり返ったら、次は2・3学期に取り組みたいことを見つけましょう。ただ単に「9月に取り組みたいこと」だけだと、10月以降がしんどくなってしまいます。あえて、3学期末までの学級の様子を見通すからこそ、各月にすべきことや大事にしたいことが見つかります。そのときの状況に応じて臨機応変にすべきことを変更していくこともできます。

注意事項

人はついつい「できていない自分」ばかりに目を向けてしまいます。それればかり考えると教師の仕事はしんどくなってしまいます。それよりも現在「できていること」にさらなる成長のヒントが隠されています。丁寧に「できている自分」にも目を向けられるようにしましょう。

自己研鑽（さん）を支える問いかけ

▶ねらい

自己研鑽時に、ついつい「こうすればうまくいく」「絶対成功」といった方法に注目しがちです。もちろん方法を得ることも大切ですが、「自分」に目を向けることを大切にできるようにします。答えは自分の内側にあります。

内容

自分への「問いかけ」を意識することで、自分の実践や子どもたちの日々を深く見つめ直すことができます。「△△すべき」「○○しなければならない」にとらわれないようになるでしょう。

〔自分への「問いかけ」（例）〕
・１学期うまくいったことは何だろう？
・１学期、子どもたちはどのように学んでいたのだろう？
・１学期の取組で、これからも継続していくべきことは何だろう？
・１学期うまくいったことは、何が背景にあるのだろう？
・１学期うまくいかなかったことは何だろう？
・１学期うまくいかなかったことについて、実際に何が起きていたのだろう？
・もし、１学期の自分に戻れるとしたらどんなことをするだろう？
・これからも子どもたちと大事にしたいことは何だろう？
・何をしているときが充実しているだろう？
・今、一番自分ができるようになりたいことは何だろう？
・これまでの１学期と同じところ、違うところは何だろう？
・「学ぶ」「気づく」「分かる」「育つ」「学級経営」「授業」…といったことを言語化すると？

ポイント

・自分が苦しくなる問いかけではなく、考えることがより楽しくなる問いかけをしましょう。
・「自分の内側に目を向けることで、どんな変化が生まれたか」を認識すると継続できます。
・あれこれ手をつけずに、本当に自分が大事にしたいことの研鑽に励みましょう。

自己研鑽（さん）

ねらい

夏休みの間、計画的に自己研鑽に励むことによって、自身の教師力向上を図り、２学期以降に質の高い実践に取り組める準備をする。

計画的に

長期休暇である夏休みは、自己研鑽に励むことができるよい機会です。ぜひ自分の教師力向上に努めましょう。一方で、２学期の準備時間も必要です。そこで、どこに力を注ぐのかを考えておかなければなりません。右ページのように、夏休み中にすることの大まかなリストがあると計画的に過ごすことができます。リストの項目のうち、緊急性や重要性などに注意して計画すると、自己研鑽の時間も確保できます。

心と体を休めることも自己研鑽

学び続ける教師は、「自分の力を高めたい」と思っています。素晴らしい思いです。ただ、「誰にも負けない力を付けるためには、みんなが休んでいる間も努力をしなければ…」という考えは、あまりおすすめしません。若い間は、そのような姿勢でも取り組めるかもしれませんが、年齢を重ねるとしんどくなってきます。また、他者と比べていると、自分の成長に気付けない場合があるからです。

夏休みは、子どもだけでなく、教師も心と体をしっかり休めましょう。まずは、２学期をよいスタートで迎えられるようにすることも自己研鑽のひとつです。

自身を労いながら、アップデートするためには、何を学ぶのかを考えることが重要です。そこを見極めた上で、教師力向上の素地を養っていきましょう。

活動の展開

01 研究授業の計画と準備

研究授業に挑戦することは、最大の自己研鑽になります。学級の実態把握、教材研究に本気で取り組む機会となるからです。さらに、多くの研究授業に挑戦することで、働き方の面でも、自身がアップデートされます。

夏休みは、教材研究を深くできる時間があります。そこで、日頃にはできないような教材研究に取り組めます。例えば、学習指導要領を読み込むことや多くの先行研究をチェックすること、教材に関連する現場を訪れるなどです。これらを通して、単元の構成や授業のイメージを膨らませていくのです。イメージが膨らんできたなら、頭の中を具現化します。具現化したものが学習指導案です。

学習指導案の大体ができてきたなら、他の先生に見てもらいましょう。このときに重要なことは、70点程度の指導案でよいということです。指導案の作成が目的にならないようにしましょう。指導案を仕上げるのは、内容が固まってからでよいのです。他の先生と相談する際には、簡単な模擬授業をしながら、研究できるとより効果があります。自分では気付いていない点や実際に行ってみなければわからなかった点に気付くことができます。

このような教材研究を積み重ねながら、指導案を教材研究のふり返りのようにまとめていくと、児童観、教材観、指導観が磨かれていきます。

[夏休み中確認シートの例]

夏休み中確認シート

✓	学級	✓	学年・校内	✓	校外・個人
	○教室環境の見直し		**○学年内での役割（校外学習調整、会計など）**		**○自己分析**
	・座席配置の決定		・主担当の学年行事計画		**○校外研修**
	・リラックススペース		**○打ち合わせ**		・自分の勉強会
	○その他		・習熟の先生		・セミナーへの参加
	・最初の１週間の指導案をざっくり立てる		・特別支援の先生		**○挑戦したいこと**
	・学級通信の計画		・学期はじめの学年だより		・断捨離
	・指導要領の見直し		・研究授業の相談		・読書
	・教材研究（国算理社）		**○校務分掌関係**		・端末内のデータ整理
	・教材研究（その他）		・大きな案件の原案作成		**○リラックス！**
	・消耗品準備		・資料の整理＆処分		・飲み会
	・時間割作成				・旅行
	・当番システムの見直し				・図書館
	・研究授業の指導案作成				

夏休み中確認シートをつくるにあたって大事にすることを最初に書き出すとよい。
(例：そもそも必要か考える／既存のものが最善か考える／同僚や校外を見て真似ることはないか考える　など]

02 自身の見方・考え方を広げよう

自分をアップデートするためには、いくつかの方法があります。共通する点は、新しい指導法などに出会い、教師としての見方や考え方を広めるものであるという点です。

まずは、読書です。最も取り組みやすい方法です。どのような本を選ぶかが重要になってきます。２学期以降の教材研究に関する本、学級経営に関する本といったように選び方も様々です。おすすめは、同僚や先輩といっしょに本を選んだり、本の内容を交流したりすることです。１人で取り組むよりも、継続することができます。また、お互いがインプットしたことをアウトプットすることで、学んだ内容を整理できます。

２つ目に、セミナーに参加することです。最近では、オンラインのセミナーも多く開かれています。自分に必要なことは何かを考え参加できるとよいです。しかし、本とは違い、セミナーは、人から直接学ぶことができるので、内容にかかわらず、予定が合うなら参加するもよいです。必ず、学ぶことはあります。

３つ目は、多くの先生方と交流をすることです。夏休みは、食事の機会も増えます。同僚の先生方に、気になることは、小さなことでもどんどん聞きましょう。他校の先生との出会う機会をつくることもおすすめです。今まで知らなかった新たな気付きがあるはずです。

休暇

ねらい

長期休暇を利用し、２学期の業務軽減やリフレッシュ、教師力を高める機会を設ける。

指導のポイント

長期休暇では、
① ２学期に向けてやりたいことを整理
②「リフレッシュ」
③ 自己研鑽（P.100）
の機会を設けるとよいでしょう。

有意義な夏休みを送るためには、計画が大切です。仕事やプライベートで「やること」「やりたい」ことを明確にし、実りある時間を過ごしましょう。

休暇で大切にしたいこと

01 やることを整理する

夏休み中にしておくことや２学期の仕事軽減のためにできることを整理します。データの入力や書類作成、自分の担当業務などは余裕のある夏休みに済ませておくことで２学期にゆとりをもって取り組むことができます。

02 やりたいことを決める

１学期の自分自身と向き合う機会をつくり、成果と課題を整理します。その上で、「子どもの見取り」「力を入れたい教科」など２学期の頑張りどころを決め、読書をしたり、準備を進めたりすることで実りある夏休みの学びとなります。

リフレッシュ

読書

研修参加

03 リフレッシュする

1学期の疲れや長い2学期に向けて心身をリフレッシュさせましょう。「楽しい」「好き」なことに触れる時間は人間力を高めてくれます。自分なりのストレス解消法を見つけられると、今後の働き方にもつながっていきます。

04 教える側から教わる側に

研修や学習会、習い事などで学び手になる機会をもつことも大切です。学ぶことで子どもたちと同じ目線に立つことができます。試行錯誤の感覚を味わったり、教わる側から教えることを考え直したりする機会は教師力や人間力を高めます。

授業準備

ねらい

長期休暇を活用し、１学期の学びを整理し、２学期のよりよい授業に向けての準備を進める。

指導のポイント

１学期の授業での成果と課題を整理し、２学期の授業づくりを行っていきます。１学期の学級全体や一人一人のよさや課題を受け、「こんな力を付けたい」という目標を明確にすることが、子どもたちの成長につながります。

また、１時間単位や１単元区切りで授業づくりを行うのではなく、年間計画を用いて、２学期の学習を俯瞰し、学習内容を絡めることができる部分を見つけておくことも効果的です。

授業準備の流れ

01 1学期の子どもの様子を基に

１学期の学級全体と一人一人の様子を整理します。また、自分自身の課題も整理した上で、２学期に付けたい力を明確にし、授業づくりを行います。目標や抽出児童、単元の流れ、板書計画などを準備し、２学期に備えましょう。

02 2学期の学習を俯瞰する

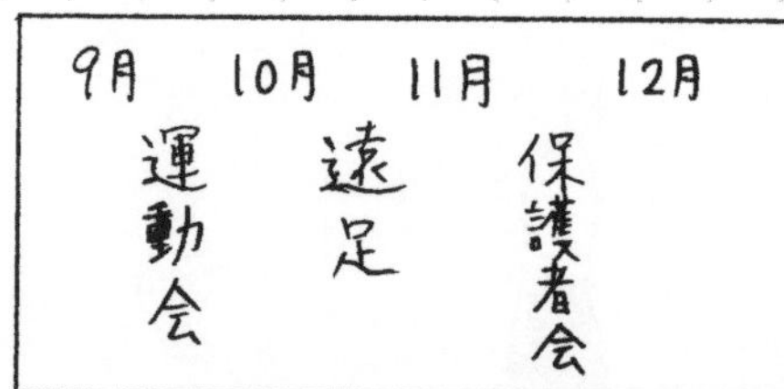

教科同士や行事との関連を意識して２学期の準備を進めましょう。教科同士の関連から学びを深めたり、参観日や発表会を目的とした学びを準備したりすることで、より実りのある２学期となっていきます。

[単元計画の例]

４年風水害からくらしを守る〈６時間＋国語：「もしもの時にそなえよう」より３時間〉

- 自然災害に対する地域の関係機関や人々の動きについて、聞き取り調査や地図、年表などの資料で調べ、まとめ、地域の関係機関や人々が自然災害に対し、様々な協力をして対処してきたことや、今後想定される災害に対し、様々な備えをしていることを整理している。（知識・技能）
- 過去に発生した自然災害、閉係機関の協力などに着目して、災害から人々を守る活動を捉え、表現している。（思考・判断・表現）
- 自然災害から人々を守る活動について、主体的に問題解決しようとしたり、よりよい社会を考え学習したことを社会生活に活かそうとしたりしている。（態）

資料：災害年表、ハザードマップ、避難訓練年間計画、備蓄庫

① 単元の学習課題作り 予想	水害の写真から「水書が起こるとどんなことが起きそうか」想起する。 災害史とハザードマップから札幌市の災害が減少していることに気付く。 水害からくらしを守るために誰がどのようなことをしているの？ 予想：全体で「誰」の部分を取り上げる。 「していること」を個人で考える
② 予想の磨き合い 問いの整理・学習計画	予想の交流 「立場」に分けて板書することで相互関係に意識が向けられるようにする。 関係図の配付→学習計画 ①学校　②札幌市　③地域と札幌市　④地域　⑤家〈Unit１〉 問いの交流
③ 学校の取組（公助）	学校での避難訓練（〇〇先生）～学活部ではどのような取組をしているのか 学校での備え（教頭先生）～避難所計画や災害が起こった時の動き 備蓄庫見学～待ち時間に地域副教材で関係図 ※どんなことしていそう？、何がありそう？を想起しておくとよい。
④ 札幌市の取組（公助）	予想・ミニレッスン・調べ ハザードマップの確認（0.5～3.0m） NHK for school公助 防災計画・避難時の連携図
⑤ 地域の取組（共助） 公助と共助の協力	わらび町内会の取組（PP） 資料配付

[板書案の例]

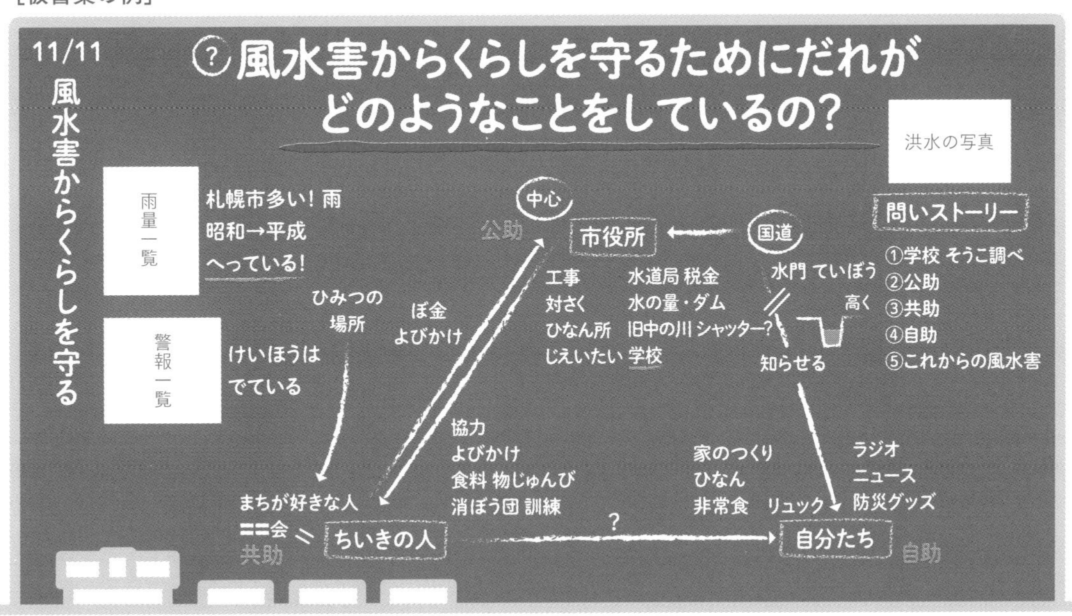

8月

始業式準備

ねらい

新学期に備え、気持ちよく子どもたちを迎えられるように、環境整備や授業準備を行う。

始業式準備のポイント

楽しかった夏休みの終わりに、登校へ前向きな気持ちをもっていない子も多くいます。子どもたちの憂鬱な気持ちを取り除けるよう準備を進めましょう。

２学期は年間の中で最も期間が長く、問題も起こりやすい時期です。気持ちのよいスタートを切れるよう、以下に注力します。

① 子どもたちを迎える環境整備
② 始業式の日の流れをイメージ
③ 余裕をもった授業準備

不安な気持ちで登校する子も、リラックスしやすいように、整頓された雰囲気で迎える。

先生自身も落ち着いて子どもたちを迎えられるよう、始業式や授業の準備をしておく。

始業式準備の流れ

01 子どもたちを迎える環境整備

学期末に大掃除をしていても、長い休みで教室にはたくさんの埃が溜まっていたり、掲示物の緩みがあったりするかもしれません。子どもたちを「おかえり」と迎える気持ちをもって、目に見える環境から清潔に、整然とした教室を心がけましょう。

02 黒板メッセージ

おはようございます！
みんなに会えるのが楽しみでした。２学期も
みんなで元気にすごそう

朝の登校後、教室で落ち着いたり、ワクワクできたりする工夫のひとつとして、黒板メッセージがあります。子どもたちに対して、これから始まる２学期への願いや期待を書いたり、２学期の楽しみをクイズにしておいたりするとよいでしょう。

03 始業式の具体的な流れを想起

始業式は授業時間が短い上に、提出物の回収やお便りの配付などのやることが多く、バタバタします。さらに、子どものエンジンがかかっておらず、「こなす」で終えてしまいかねません。当日の流れを効率よく組み立て、気持ちよくスタートが切れるようにしましょう。

04 余裕をもった授業準備

新学期は子どもたちの変化によりイレギュラーな対応も増えます。対応などで授業準備が間に合わないということも起きかねません。余裕のある始業式前に、授業準備やワークシートの印刷を多めにやっておくことで、気持ちよく2学期のスタートを切れます。

9月

仕切り直し、築き直す

9月に意識すること

・できていることを大切にする
・改めて子どもたち同士のつながりをつくる
・改めて子どもたちとの信頼関係を築く

9月の学級経営を充実させるために

●「仕切り直す」ことを大切にしよう

長い夏休みを過ごしたことで、子どもたちは学級での日々を忘れてしまっています。学校モードでない子もたくさんいるでしょう。それで当たり前です。私たち大人も小学生のときにはそのような感じだったはずです。

教師は「1学期の終わりの学級」のイメージをもっているかもしれません。しかし、そのようなものは幻想です。現在もできていることは大切にしながらも、また新たに学級での日々をいっしょに過ごす意識をもちたいものです。学級の仕組み、人間関係づくりなどを仕切り直していきましょう。

●「2学期にやりたいこと」をいっしょに見つけよう

子どもたちに「2学期にはどんなことをしたい？」と問いかけて、「2学期にやりたいこと」を子どもたちといっしょに見つけましょう。教師が思い描いていなかったことを言い出すかもしれません。その中で、教師の思いも伝えるようにします。

このようなことを考えることで、子どもたちは2学期に取り組むことを自分ごとに捉えるようになります。また、これからの日々が楽しみになるでしょう。できるだけ教師も子どもたちもワクワクすることをいっしょに考えたいものです。

注意事項

夏休みに「2・3学期に取り組みたいこと」を考えたため、子どもたちとともに取り組みたいことがたくさんあるかもしれません。しかし、あまりにも教師が「こうしましょう」「次はこれをするよ」とリーダーシップを発揮しすぎると、子どもたちは受け身になってしまいます。

「やりたいこと」「やるべきこと」見つけ

▶ねらい

２学期が始まって、教師が「○○しましょう」「△△をしないといけませんね」ということを伝えて様々な活動を始めると、子どもたちは受け身になってしまうことがあります。そこで、「すべきこと」「したいこと」をいっしょに見つけて、２学期の活動を自分ごとにできるようにします。

内容

２学期の早めの時期、子どもたちといっしょに「２学期にすべきこと」「２学期にしたいこと」を見つけられるようにします。

〔流れ〕

①教師から問いかける
②一人一人が自分なりに考える
③グループで考えを聴き合って一つに整理する
④全体で共有する

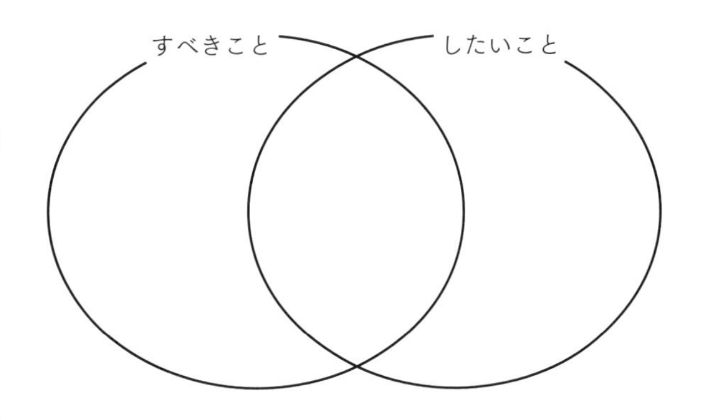

…といった流れで進めます。ICT機器を活用すると、簡単に共有することができるでしょう。書かれているものを見ながら、２学期のことをいっしょに考えられるようにします。

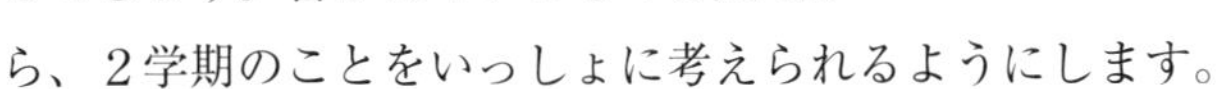

もしかすると、「すべきこと」と「したいこと」の重なりから見えることがあるかもしれません。あれこれ話を聴き合いながら、２学期の自分たちをイメージできるようにします。

ポイント

・「子どもたちといっしょに考える」「子どもたちといっしょに見つける」ことを大切にしましょう。
・整理されたものを掲示すると、子どもたちも意識し続けることができます。
・教師の思いや願いを出してはいけないわけではありません。きちんと伝えましょう。

教室掲示⑤

ねらい

2学期の目標を掲示し、学級の仲間がどのような目標をもっているかを知る。目標を達成するために、取り組みたいことを知ることで、互いに支え合う学級集団をつくる。

指導のポイント

学級で一つの目標をつくるのではなく、2学期全体を見通した上で、個人の目標を設定します。「苦手なことに向き合う」や「得意なことを伸ばす」ことを目標に、2学期の学校行事や各教科の学習を確かめ、「どんなことができるようになりたいか」、「そのために何に取り組むか」を書き出します。

ICTを活用する

教室後方の掲示板に子どもたちが書いたカードを掲示します。

カードは、ICTを活用すると、フリー画像を使ってカードを自分なりにアレンジしたり、データから直接拡大印刷したりすることができるので、準備や掲示にかかる時間が短縮できます。

また、目標カードがデータとして残ることで、自分の成長を感じながら目標を設定することができるため、9月にだけ目標を設定するのではなく、毎月目標をふり返ったり、達成することができれば新たな目標を設定したりすることも容易になるでしょう。

活動の展開

01 2学期の学校行事を確認する

2学期のスタートと同時に、2学期の学校行事や学年行事について確認します。2学期は、運動会や学習発表会、社会見学など、様々な行事や課外活動が目白押しです。これらの行事を通して、どんな風に成長していきたいか、イメージをもたせます。あるいは、行事だけで力を高めるのではなく、1学期の自分をふり返って、もっとがんばりたいことや伸ばしたい力を具体化して目標を立てるのもよいでしょう。

02 目標と取り組みをカードに書く

カードには、「目標」と「目標を達成するために取り組むこと」を記述するように指示します。

目標を立てただけでは、ふり返る観点が「目標を達成できたか・できなかったか」になってしまいます。目標達成のために取り組むことを記述しておくことで、その取り組みにどれぐらい真剣に向き合ったか、その取り組みだけで十分か、など多様な視点でふり返ることができます。

行事を共有する

2学期を始めよう　8月25日〜12月23日

10/1（土）　運動会　100m走　ダンス

11/5（土）　学習発表会　歌（合奏）

11/19（土）　公開授業研究会　国語

11/29（火）　ジョギング大会

目標と取り組みをカードに

始業式

ねらい

新たな学期の始まりに向けて、見通しをもったり、意欲を高めたりする場をつくるとともに、長期休業を終えた子どもたちの様子を確認し、２学期に向けての関わりを考える。

指導のポイント

長い夏休みを終えて、様々な姿で子どもたちは登校してきます。再会を喜ぶ子もいれば、休みに慣れて後ろ向きな気持ちで登校してくる子もいます。家族で旅行に行くなど楽しい経験をできた子もいれば、楽しい経験ができなかった子もいます。そういった子への配慮も必要です。夏休み明けは新学期への見通しや期待をもてる場をつくるとともに、一人一人の様子をしっかり見取り、２学期に生かせるようにしましょう。

夏休みビンゴ

4年○組 夏休みビンゴ		
1	毎日早ね早起きしました。	
2	毎日おそねおそ起きしました。	
3	夜おそくまで起きていました。	
4	本を1さつ以上読みました。	
5	ゲームをしました。	
6	宿題は夏休みに入ってすぐに終わらせました。	
7	夏らしいものをたべました。	
8	夏休みにかみを切りました。	
9	カレーを食べました。	
10	お手伝いをたくさんしました。	
11	ずっと夏休みだったらいいのにと思いました。	
12	外で遊びました。	
13	長い休みを生かして勉強をがんばりました。	
14	冬よりも夏がすきです。	
15	8、9、10、11、12月生まれのどれかです。	
16	運動会が楽しみです。	
17	2学期の目標があります。	
18	夏休み終わり前日にあわてて宿題をやりました。	
19	ひさびさの学校が楽しみでした。	
20		

自由記述欄を設けることで「ワクワク感」を生みます。

指導の留意点

01 夏休み前の様子と比べる

長い夏休み明けは、子どもたち一人一人の変化に注目しましょう。１ヶ月以上の休みでしか経験できないことを経て力を伸ばしている子がいる一方で、家庭での生活を経て、落ち着かない子や表情の暗い子がいるかもしれません。再会を子どもたちの変化探しと捉え、楽しんでみるとよいでしょう。

教師は始業式数日前から出勤しており、スイッチが入っていますが、子どもたちの中にはまだまだ夏休み気分の子も多くいます。いきなりギアを上げてしまうと負担に感じてしまう子もいます。子どもたちの様子に合わせて、夏休みに準備した活動を取り入れていきましょう。

02 夏休みの話題への配慮を忘れずに

「夏休みに○○へ行った！」「○○して楽しかった！」たくさん伝えたいことをもって登校してくる子が多くいます。しかし、一方で、家庭の事情で出かけられなかったり、楽しい時間を過ごすことができなかったりした子もいます。そういった子への配慮も忘れないよう心がけましょう。

多くの子が経験している「早寝早起き」「宿題」「食べ物」などについて取り上げることで、どの子も笑顔で夏休みの話題に入ることができます。上段の夏休みビンゴなどに取り組むのもひとつの方法です。

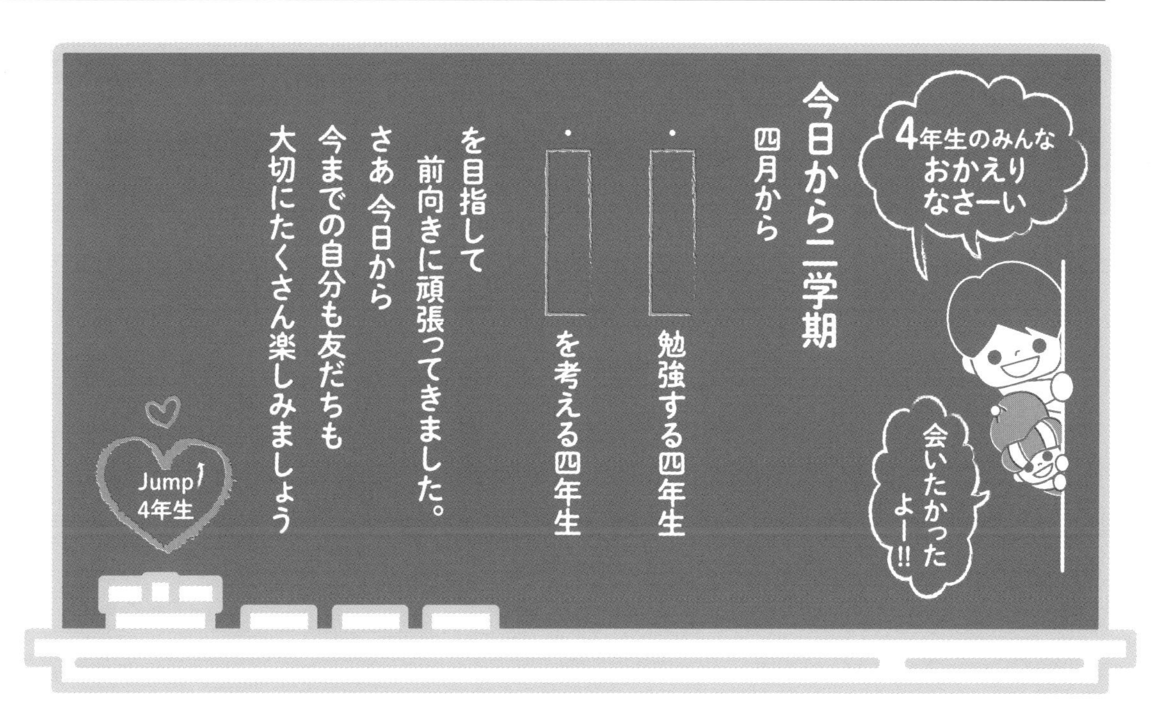
4年生のみんな
おかえり
なさーい
会いたかったよー!!
今日から二学期
四月から
・　勉強する四年生
・　を考える四年生
を目指して
前向きに頑張ってきました。
さあ 今日から
今までの自分も友だちも
大切にたくさん楽しみましょう
Jump
4年生

・子どもの様子をチェック
・話題の配慮を忘れずに
みんな元気そう！
調子のあがらない子がいないか気を付けていよう。

9月

係活動②

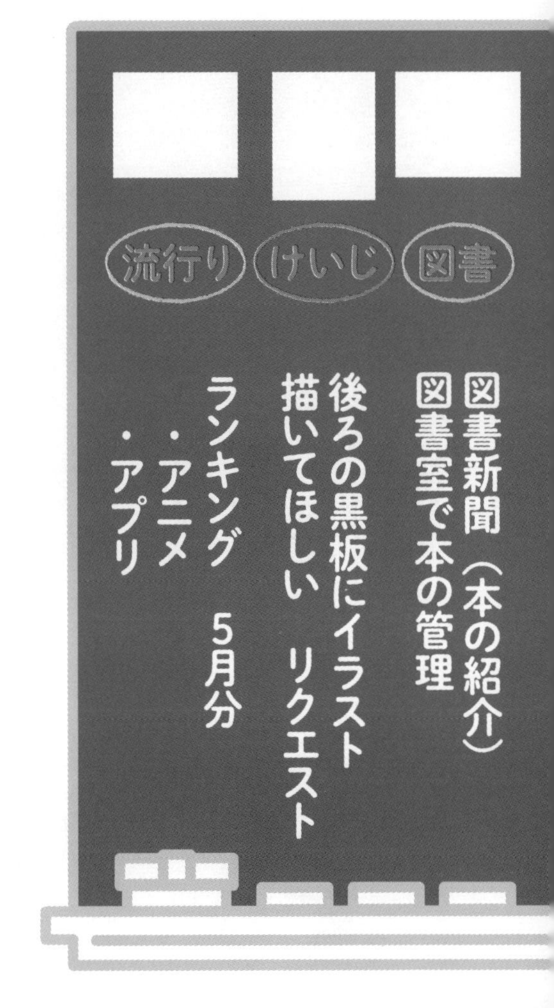

ねらい

友達と協働する多様な係活動を通して、集団生活及び人間関係をよりよく形成するとともに、自己実現を図ろうとする態度を養う。

指導のポイント

自分たちの係活動がどのようなものであったかをふり返る自己評価、客観的にはどのように見えているのかを知ることができる他者評価。評価会は、これらを確認できる機会とします。

特に、他者評価を知ることで、子どもが今後の係活動について具体的に考えられるようにすることが重要です。各係が活動をふり返ることで、団結力や目標を達成しようとする気持ちが強まります。

活動の展開

01 評価会の流れを確認する

まず、評価会を行うことを事前に知らせておきます。月一回程度で行うと、子どもたちは次の評価会に向けて活動のペースを調整するようになります。また、評価会があることを知っておくと、当日はどのようなプレゼンテーションにするか、成果物は何を見せるかなどを事前に話し合ってきます。

授業の冒頭では、教室に掲示されている係の掲示物をみんなで見たり、評価会までにあった係のエピソードを伝えたりします。

その後、次の02～04の流れについて、簡単に確認します。また、係ごとのプレゼンテーションの順番を発表します。

02 プレゼンテーションの最終準備

プレゼンテーションの方法は、子どもたちに任せています。多くは、自分たちが作ってきた成果物（ポスター、新聞など）を持ちながら、活動してきたことを発表する係が多いです。他にも、プレゼンテーション用のスライドなどを作成してくる係もあります。

本時での準備時間は、10分程度です。係の数が多い場合は、短くします。子どもたちは、何をプレゼンテーションで話すかを確認したり、練習をしたりします。

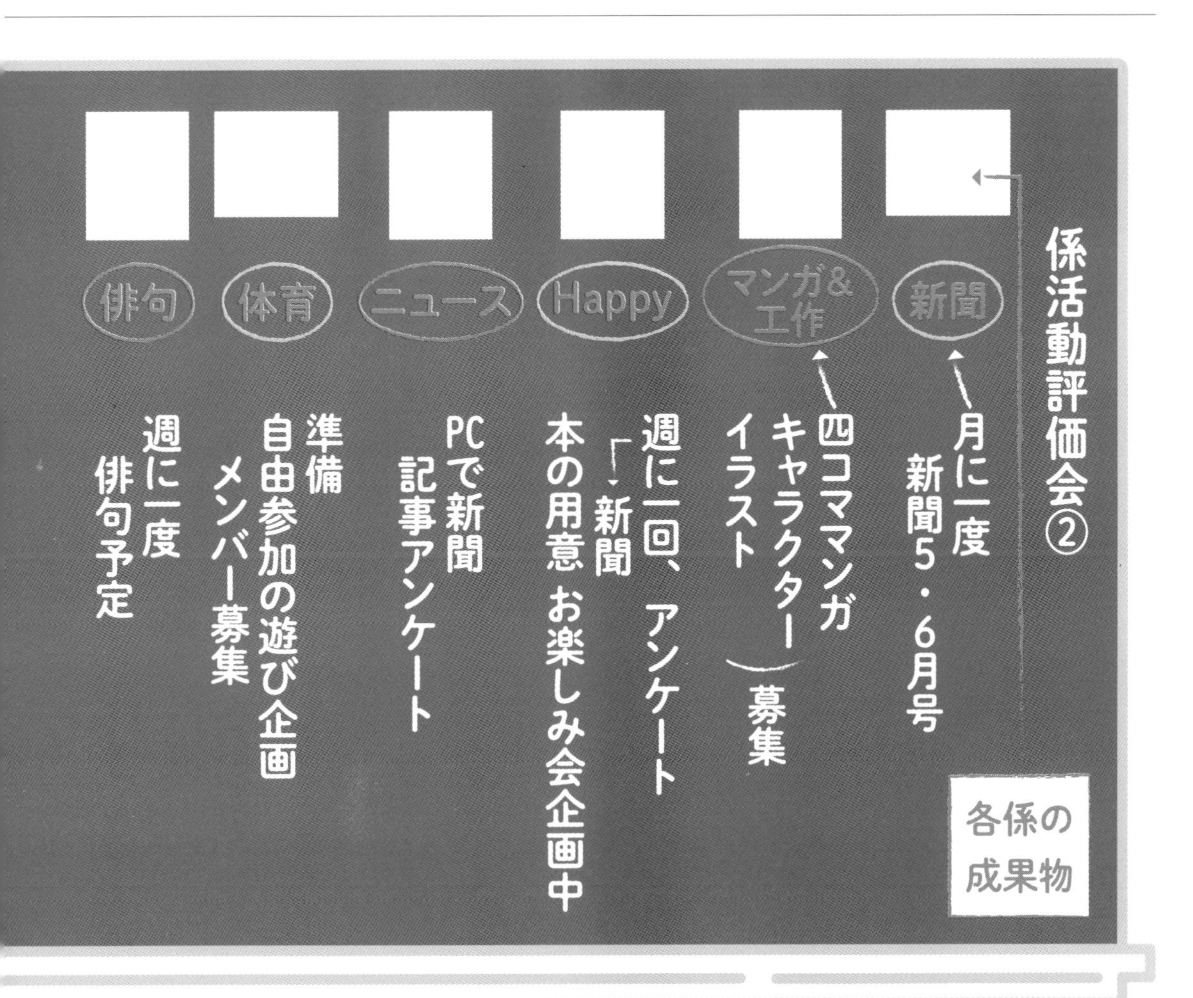

03 プレゼンテーションを行う

係ごとにプレゼンテーションを行います。主に伝える内容は、3つです。

①これまでに取り組んできたこと
②その取り組みには、どのような思いがあったのか
③学級のみんなへ連絡やお願い

プレゼンテーション前に「PMAPシート」を配布します。聞き手の子どもは、P（プラス面）M（改善点）A（アドバイス）P（係へのお願い）をシートに記入します。全部の係に対し、全ての空欄を埋める必要はありません。子どもの実態に応じた量にします。

教師は、子どものプレゼンテーションを聞いて、板書にまとめていきます。

04 相互評価を行う

全ての係がプレゼンテーションを終えた後は、「あなたが思うクラスに最も貢献している係は（自分の係以外で）？」で、投票を行います。自分が投票したい係を決めたら、係の画用紙にシールを貼りにいきます。

次に、PMAPシートを係ごとに集めます。PMAPシートには、自分の係へのコメントが書かれています。

授業の終わりに、「係ごとに集まってごらん」と声をかけると、子どもたちは、「シールが増えた」「もらえなかった」ということや、PMAPシートのコメントを読んで、今後の活動を話し合い始めます。

避難訓練②（不審者対応）

ねらい

校内に不審者が侵入してきたときを想定して避難訓練を行うことで、緊急時にとるべき行動に対する理解を深め、身の安全を守る方法を実践しようとする。

指導のポイント

避難訓練の指導は、命に関わる重要な取り組みです。そのため、真剣な雰囲気で行われるべき学校行事です。しかし、日頃から安全に対する意識が培われていないと、形式だけの訓練になってしまいます。自分や相手を傷付ける危険な言動には、日常的に毅然とした指導をしていきましょう。

また、基本となる避難経路については、学期の初めに、子どもたちと確認しておきましょう。

事前指導

「不審者が学校内へ入ってくる」とはどういうことか、具体的に子どもたちといっしょに考えます。これまでに実際に起きた事件について触れるなどして、子どもたちの命を絶対に守りたいということを伝えます。

子どもたちの命を守るために、次の3点について話しておくと、真剣さが伝わり、訓練でも緊張感をもって行動できるでしょう。

●教職員がしていること
・不審者対応訓練　・さすまた講習
・名札とスニーカーの着用
・笛を携帯していること

●子どもたちができること
・教室の鍵を閉める　・危険を知らせる
・身を隠す　・励まし合う
・低学年を守る

●学校設備
・非常ベル　・内線電話
・AED

活動の展開

01 通常通りに授業を始める

子どもたちには、その日のどこかで避難訓練があることを伝えておきましょう。子どもが自分で行動できるようにするための訓練です。訓練だから特別なことをするのではなく、訓練だからこそ通常通りに授業を始めましょう。

02 訓練開始時

放送や非常ベルで訓練が始まったら、子どもたちを落ち着かせましょう。放送を聞き、不審者の場合は、教室の鍵をかけて、外に出ないようにします。また、不審者対応では、騒いでいると子どもがいることに気付かれてしまうため、静かに机の下などに隠れるよう指示をします。

03 避難中

犯人が確保されるなど安全がされ、避難の指示が出たら、静かに廊下に並ばせて点呼をします。この時点で人数が足りない場合は、トイレの個室など子どもがいそうな場所を探しながら子どもたちを避難場所に誘導します。他学級の先生と連携して、安全性を確認しながら避難しましょう。

04 事後指導

事後指導では、自分の行動についてふり返りを行うとともに、不審者が通ったとされる場所や目的についても共有し、「もしものとき」の行動を真剣かつ具体的に考えられるようにしましょう。

宿題指導③

ねらい

1週間の宿題の計画を自分で立て、計画に沿って進めることを通して、自分で学習を計画して進めることの楽しさを味わえるようにする。

指導のポイント

宿題指導①（P.42）と②（P.76）の内容をそのまま2学期も継続してもよいですが、少し変化を取り入れたい時や子どもの宿題への意識を変えたいときに、この③にチャレンジしてみるとよいでしょう。1週間分の宿題を提示し、子どもたちがそれをいつ取り組むのか計画を立てるようにします。あとはその計画に沿って宿題に取り組むだけです。もちろん計画通りにいかないときもあるので、その際は計画を変更して取り組むようにします。初めはどのように配分するとよいかが掴みにくいですが、数週間くり返すと次第に慣れてきて、自分に合った計画が立てられるようになります。ここで大切なのは、1週間が終わった後のふり返りです。自分の立てた計画を実際に進めてみてどうだったのかをふり返って、次の計画に生かせるようにします。「○曜日は習い事があるから、習い事のない□曜日に多めに配分しよう」とか、「○○さんと遊ぶ約束をしたから、その日までに終わらせよう」など、オーダーメイドの計画ができあがります。

さて、この取り組みのよいところは、これまで全員が同じ量の宿題を同じペースで進めていたものが、自分で選択・決定できるようになり、学びが自分のものだという感覚になっていくことです。学びは与えられたり、決められたりするものではなく、自分のものであり、自分が進めていくものだということに気付くようになります。中には、余裕があるから自主学習や読書を追加しようとする子どもも出てきます。

指導の展開

01 新しい取り組み方を伝える

右ページのような計画表を配付し、新しい取り組み方にチャレンジすることを伝えます。ポイントに書いたように、自分で計画して自分で進める経験を通して、学習が自分のためにあるものだという感覚を掴むことが目的であることも説明します。慣れないうちは計画の修正が多くなってもよいことや、計画をやってみてどうだったのかをふり返って次週に生かすことが大切であることも伝えます。中には1日に一気にやってしまおうとする子どももいるでしょうが、経過を見守るようにし、いっしょにふり返りをするとよいでしょう。まずはやってみようとする子どもたちのチャレンジ精神を大切にしましょう。

02 1週間をふり返る

計画表のふり返り欄に「続けるとよいこと」と「変えた方がよいこと」の二つの視点でふり返って記述するようにします。そして、そのふり返りを次週の計画に生かすように助言しましょう。初めの頃はうまくいかず、落ち込む子どももいるかもしれません。その場合はどうすればいいかをいっしょに考え、計画を立てるように支援しましょう。もしくは、初めは教師が計画を立ててあげて、徐々に委ねていくのもよいかもしれません。一方で、余裕がありそうな子どもには、自主学習や読書を追加してもよいことも伝えます。ただし、これも子どもの主体性に任せ、押し付けにならないように留意しましょう。

[宿題計画表の例]

９月○日～９月○日　　　　　　　　　　名前（　　　　　　　　）

今週の宿題

・漢字ドリル□～□
・算数ドリルP○～P○
・社会プリント

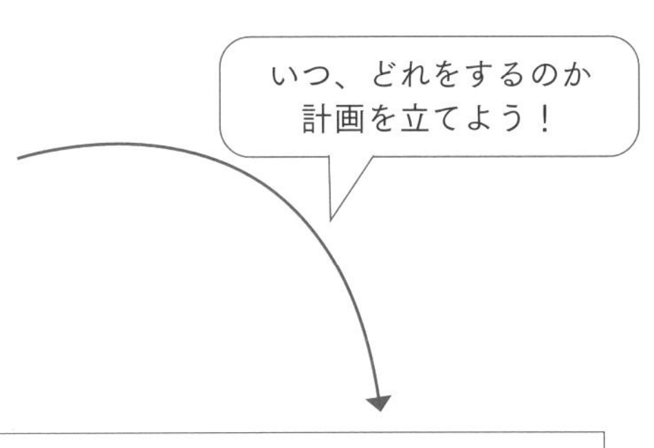

月曜日	音読P○～○
火曜日	音読P○～○
水曜日	音読P○～○
木曜日	音読P○～○
金曜日	音読P○～○

（ふり返り）

続けるとよいこと	変えた方がよいこと

9月

4月 5月 6月 7月 8月 **9月** 10月 11月 12月 1月 2月 3月

ICT活用ふり返り

ICT・アナログのよさを理解する

ICT 写真を撮る

アナログ 絵を描く

ねらい

子どもたちが、これまでのICT活用をふり返ることで、「改めて大事にしたいこと」「これから大事にしたいこと」「これからチャレンジしたいこと」を見つけられるようにしましょう。

指導のポイント

4月のICT開き（P.44）で考えを聴き合ったことを覚えている子は少ないでしょう。2学期初めに自分たちのICT活用についてふり返ることで、改めて「これからのICT活用」について考えることができます。できていないことばかり見つけるのではなく、できていることを大切にしましょう。また、「何でもICTを活用する」ではなく、状況に応じてデジタルとアナログを使い分けられるようにします。

活動の展開

01 「1学期のICT活用」を近くの人と共有する

1学期、どのようにICT機器を活用していたかを尋ねます。子どもたちがICT機器を活用しながら、同じ班のメンバーと「1学期のICT活用」を聴き合えるようにします。

02 「1学期のICT活用」でうまくいっていることを共有する

01で聴き合ったことを基にして、「1学期のICT活用」でうまくいっていることを全体共有します。

〔例〕

使い方

- 1学期に決めた「『使い方』で大事にしたいこと」を守っている
- 移動教室のときにも大切に持ち運んでいる活用法
- 情報をうまく整理できるようになった
- プレゼンテーションで、自分の伝えたいことをうまく伝えられるようになった

ICT タイピング（文章を書く）

ICT 動画を見て学習

アナログ 手紙を書く

アナログ 先生の話を聞く

03 「1学期のICT活用」で、うまくいっていないことを全体で共有する

01で聴き合ったことを基にして、「１学期のICT活用」でうまくいっていないことを全体共有します。「〇〇ができていません」よりも、「もっと△△したい」「もっと■■できるようにする」と、自分で大事にすべきことを見つけられるようにします。

〔例〕

- 使うときと使わないときを自分で見極められるようになりたい
- 「大事に使う」を忘れないようにしたい
- 係活動でもっといろんな使い方ができるようになりたい

04 「これからのICT活用」について、さらに深く考える

「ICT機器のよさって何だろう？」
「アナログの方がよいことってどんなこと？」
「どうすればうまく使い分けられるだろう？」

…と問いかけながら、「これからのICT活用」に目を向けられるようにします。「とにかくICT活用する」ではなく、子どもたちが状況に応じてデジタルとアナログを使い分ける意識をもてるようにします。その上で、01・02・03を基にして、「これから大事にしたいこと」を自分で決められるようにします。

運動会①

ねらい

表現運動を通して、子どもが友達と協力しながら、音楽の特徴に合わせた振り付けを考え、集団で踊ることができるようにする。

指導のポイント

全ての授業の冒頭で、教師が子どもに語りかけ、下記の点を伝えることが重要です。

・安全に取り組むこと
・友達のよさに気付ける場であること
・成長した姿を見せられること

表現運動は、楽しい活動ですが、子どもの集中力が崩れやすくなってしまいます。授業の冒頭で集中した雰囲気を子どもとつくることで、お互いにやりがいを感じる学習時間となります。

運動会が発表の場に

まず、体育の時間に、友達と一生懸命に考え、練習してきた演技を披露する場として、運動会を位置付けましょう。そうすることで、子どもに相手意識ができるので、学習意欲は大きく高まります。

次に、教師の演技を真似るだけ、教師の言われたとおりに動くだけでは子どもの思考力が育ちません。そこで、演技構成の一部には、子どもたちが考えた演技を取り入れます。例えば、「サビの部分は、グループごとに考えた演技の中で、投票が一番多かったものにするよ」とすると、子どもたちは、曲の拍に合わせながら演技を考えたり、隊形を考えたりするようになります。

これらを実現するためには、教師は余裕をもった指導計画を考える必要があります。雨天のために、練習時間が少なくなるなどの事態も考えられます。また、拍が分かりやすい曲を選ぶ、指導に入ってからでも、難しい技は削るといった、子どもの実態に応じた指導を心がけましょう。

指導の展開

01 グループ練習

基本的な技を学習してから、取り組みます。指導の際は、子どもが「みんなでそろえる」「みんながずらす」といった視点から考えられるようにすると、無理のない技で、どのように表現するかを考え始めます。

02 全体指導

学年団で役割分担をしておきます。
・全体に主となって指示を出す
・個別指導+音響or撮影+改善点のメモ
また、メモを基に、どのような声かけをするかを決めておくと指導しやすくなります。

[運動会までのスケジュール例]

時	1	2	3	4	5	6	7	8	9	10	11	12
内容	基礎的な動き＋グループ練習	基礎的な動き＋グループ練習	グループ練習	全体練習	全体練習	全体練習	隊形移動＋全体練習	隊形移動＋全体練習	入退場＋細かい部分の微調整	衣装をつけての通し練習	通し練習	衣装をつけての通し練習

〈団体演技指導計画〉
※５分程度の１曲で構成する。
　多めに時間をとった指導計画である。演技が完成しているならば、無理に時間を取らない。
　休み時間や隙間時間でも、映像を見ながら練習できる場を設定する。

03 映像で確認する

　映像での確認は非常な有効な手立てです。
　・教師のお手本演技映像
　・子どもたちの練習の様子
　隙間時間に、ポイントを絞って伝えることが重要です。

04 練習の様子を発信

　写真付きの学級通信などで、練習の様子を保護者に発信すると、子どもの励みになりますし、保護者も本番を楽しみにしてくれます。
　また、隊形移動があるので、各自の演技場所を伝えておくと、保護者は喜ばれます。

運動会②

ねらい

勝利に向かって団体競技に取り組むことを通して、友達と協力しながら安全に運動をすることのよさを味わう。

指導のポイント

団体競技では、「全員で、安全に運動を楽しむこと」が第一の目標と指導していきます。その次に、「自分たちの勝利に向かって、取り組むこと」と子どもたちに伝えていきます。

このような指導が子どもたちと共有できていない場合、「自分のチームは、あの子のせいで負けてしまう」「相手チームが、ズルをしていた」といった発言が多くなり、辛い時間となってきます。運動会の目標と絡めて、教師が語ることで、未然に防いでいきましょう。

子どものこれまでの学びを生かして

団体競技の指導を行う際には、これまでの体育の学習での学びが生きるような声かけを心がけましょう。

「どうすればバトンパスがうまくなるかな？」

「コーナーでは、どのようなことに気を付けると、スムーズに回れたかな？」

「みんなの動きを揃えるために、何か方法はないかな？」

「投げるときのポイントを思い出してみよう」

また、団体競技としての練習に多くの時間をかける必要はありません。

① 団体競技のルール等の確認

② 作戦タイムを多く取り入れた練習

③ 入退場を含めた最終確認（20分程度）

指導時間としては、上記を合わせても３時間も必要ないでしょう。

あくまでも、これまでの学習を生かしての競技です。運動会のためというより、日頃の基礎となる指導の積み重ねを大切にしましょう。

定番・おすすめの団体競技

01 リレー

リレーは、コースの長さやテイクオーバーゾーンの適用、コーナートップ制など、子どもの実態に応じたルールにして行うことが重要です。スプーンリレーや足ひれリレー（ダイビング用ひれを付けて走る）などにすると、個人走とは違った楽しさが出てきます。

02 台風の目

中学年における団体競技の定番種目です。まずは、ルールを確認し、やってみましょう。その後は、攻略法を考えさせながら取り組みます。例えば、棒の端は誰が持つとよいのか、棒の高さはどうするのか、かけ声は必要かなど、子どもたちは自分たちで話し始めます。

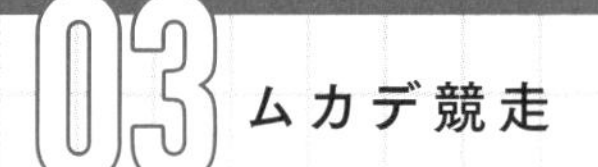

ムカデ競走

全員がムカデのように、足をロープなどでつなぎ、競走する種目です。ムカデ競走の魅力のひとつは、ルールや設定を変則的にできる点です。例えば、段々と人数が増えていく、コースの途中に障害物を置くなどが可能です。

04 変則玉入れ

玉入れは、低学年で取り組まれることが多いですが、変則玉入れにすれば、中学年でもおもしろいです。例えば、指定した数にどれだけ近いかを競ったり、大きな板などで邪魔をする役をつくったり、ボーナス玉を用意したりすることができます。

10月 行事と日常で成長を価値付ける

▶10月に意識すること

・あらゆる行事を子どもたちの成長につなげる
・一人一人のよさが重なるようにする

10月の学級経営を充実させるために

●行事に対しての思いを大切に受けとめよう

２学期には様々な行事がある学校が多いでしょう。その中で、教師だけが「頑張らせよう」「成功させよう」とすると空回りしてしまいます。子どもたちの成長につながる行事なのに、「誰のための行事？」となってしまうでしょう。

そこで、子どもたち一人一人が「どんな行事にしたいか」「何ができるようになりたいか」「どんなことにチャレンジしたいか」といった思いをもてるような場をつくります。言語化することで、子どもたちは行事に対する目的や思いをもつようになるでしょう。そんな子どもたちの思いを大切に受けとめたいものです。

●一人一人のチャレンジや成長を丁寧に価値付けよう

「運動会で速く走ることができた」「音楽発表会できれいな演奏ができた」といった「結果」だけでなく、各行事に向けて様々なチャレンジをした「過程」に目を向けるようにします。チャレンジしたことそのものや成長を丁寧に見取り、フィードバックするようにしましょう。

教師が「過程」に注目することで、子どもたちも「過程」に注目するようになります。子どもたち自身が自分の成長過程を価値付けられるようになると、またこれからも自身の成長過程を大切にするでしょう。

注意事項

行事の成功に向けて熱い思いをもっていることはかまいません。しかし、「行事が終わったら…」とならないようにしたいものです。そうなると、行事後に子どもたちが目的を見失うことになってしまうでしょう。各行事も子どもたちの学校生活の一部に過ぎません。

根拠！理由！主張！に向き合おう

▶ねらい

子どもたちが自分の考えを伝えたり、相手の考えを受けとめたりする際に「根拠」「理由」「主張」を意識できるようにすることで、一人一人の「違い」に注目するようになります。対話の中身もぐっと深くなるでしょう。

内容

〔流れ〕

① 自然とお互いの考えを聴き合えるような話題を提示する
〈例：「ドラえもんの主人公は？」「夏休みと冬休みはどっち が好き？」〉 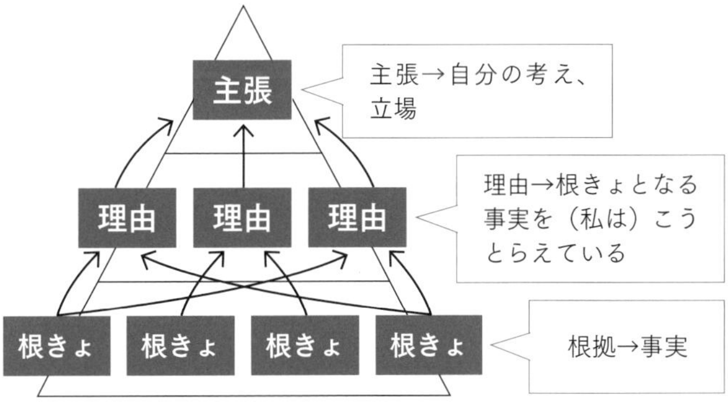
② ①を基にお互いの考えを聴き合う
③ 自分の表現したことに目を向けられるようにする

④ 主張だけ伝え合ってもうまくいかないことを実感できるようにする
「だって○○なんだもん」と言い合っていても話がかみ合わない経験を思い出せるようにします。
⑤ ③を「根拠」「論拠」「主張」に整理する
⑥ ⑤を基にして改めて自分の伝えたいことを充実させる
⑦ 改めてお互いの考えを聴き合う

参考：鶴田清司著『授業で使える! 論理的思考力・表現力を育てる三角ロジック: 根拠・理由・主張の３点セット』（図書文化、2017年）

ポイント

・子どもたちが自然と根拠や理由を基に主張したくなるような話題を考えましょう。
・「根拠」「理由」「主張」を意識することのよさを子どもたちが実感できるようにしたいものです。
・日常生活や学習場面で少しずつ意識できていることを丁寧に価値付けましょう。

教室掲示⑥

ねらい

読書の秋（季節感）を生かして、学級の友達と読書活動を楽しむ掲示にする。

指導のポイント

学習掲示のひとつとして、読書活動を取り入れてみると、活動の幅が広がります。読書は国語科の活動のように思いますが、学級活動のひとつとして取り組むとよいでしょう。

教室掲示と読書活動

「教室掲示」と聞くと、掲示板に意識が向くかと思います。ワークシートや写真などを貼りだすイメージが強いかもしれません。

「掲示する」という言葉を広い意味で捉えると、「子どもたちに興味・関心をもたせるために知らせる・見せる」ということも考えられます。

読書離れ・活字離れという現状もよく耳にします。子どもたちが読書や本に興味・関心をもつきっかけづくりをしやすい場所も、教室です。もちろん、図書室（学校図書館）もあります。毎日毎時間を過ごす場所である教室にこそ、子どもたちが手を伸ばせば本がある環境づくりをしやすいでしょう。

４年生になると、文字数の多い本を読んでほしいという思いがあるかもしれません。ただ、子どもたちの様子に合わせて、本のジャンルも問わずに色々な本に出会ってほしいです。

活動の展開

01 読書しやすい環境づくり

教室環境や掲示の中に、図書（本）はありますか。その教室に学級文庫が配置されている場合や、教師が自ら置いている場合があります。教室に本を置いていない場合は、図書室や地域の図書館を活用し、本を置いてみるとよいでしょう。

ちなみに、毎年10月27日から11月９日までの２週間は「読書週間」と言われています。学級や学年で読書に親しむ活動も取り入れやすい時期です。なかなか本を手に取らない子も、教室の中にあれば「ちょっと読んでみようかなあ」と手を伸ばしやすくなります。

02 おすすめ本ビンゴ（先生編）

①事前に、担任教師、図書館司書の先生などを含めた９名の先生方に、図書室の中からおすすめの本を選んでもらいます。
②３×３マス（計９マス）のビンゴ用紙に、先生方の名前と本の題名を１マスずつに書きます。
③読み終えたらシールを貼ったり丸を描いたりして、ビンゴやパーフェクトを目指します。

２週間という期間を決めて取り組むことで、何冊読むことができたのか、読んでみてどうだったかを交流し合い、ゲーム感覚で読書を楽しむことができるのでおすすめです。

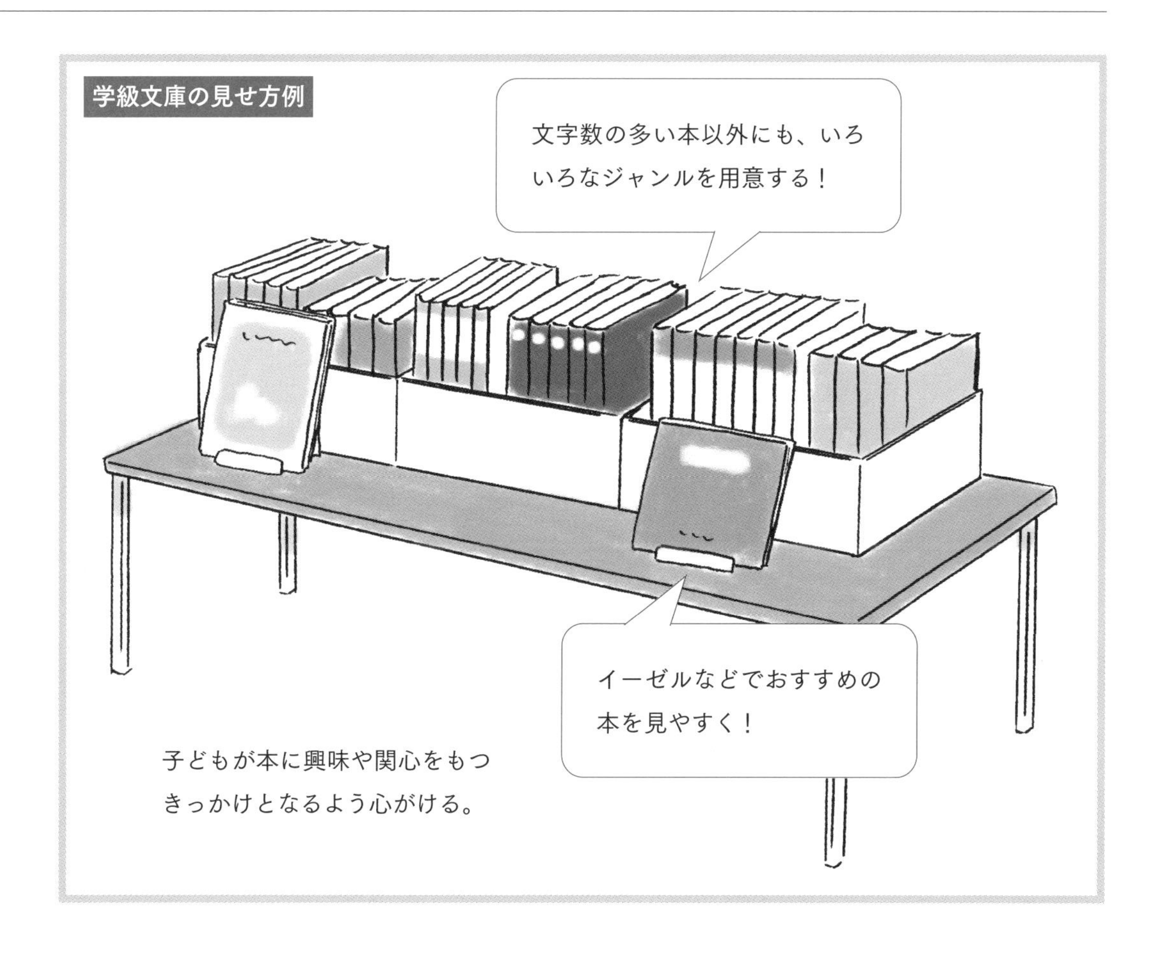

03 おすすめ本ビンゴ（なかま編）

「おすすめ本ビンゴ　先生編」と方法は同じです。子どもたちが一人１冊ずつ本を選びます。本のジャンルは問いません。

カードは、人数にもよりますが、ビンゴの形やすごろくの形、名簿のままでも構いません。２チームや３チームに分けてもよいです。

掲示板の前に本を並べ、掲示板にはＡ４用紙を貼り、一言感想やメッセージを書いた付箋を貼り付けていきます。

普段は自分の好みで選びやすい本ですが、友達がおすすめするなら読んでみようという新しいきっかけになります。

04 学習に関係する本も紹介

各教科の学習に関わる本も図書室にはたくさんあります。教師が選び、教室に置いて紹介すると、読んでみようとする子が増えます。

学級活動②

ねらい

よりよい自分やよりよい学級集団を目指して、これまでの活動をふり返り、残り半年への目標をもつ。

指導のポイント

10月は、1年の真ん中の時期です。「中間チェック」として、現在の自分自身、学級集団の様子を見直し、目標を改めて考えることも大切です。4月に立てた「学級目標」を修正することに躊躇せず、内容を変えたり、付け加えたりしましょう。子どもたち自身が主体的であることや意欲をもち続けられることが何より大切だと思います。

学級活動での「ふり返り」

4月の初め、学級開きをした後、学級目標を立てたことでしょう。その学級目標を目指して、様々な活動に取り組みます。

その「学級目標」が掲示されたまま、一人一人が立てた目標も立てたままの状態になっていませんか。

学級活動では、よりよい自分づくり、よいよい人間関係づくり、よりよい集団づくりを目指して取り組みます。自分たちで課題を見いだし、解決方法を探り、実践していきますが、「考えただけで終わった」「活動をやりっぱなしだった」という活動が見られます。

そこに、「ふり返り」という機会を加えることで、自分自身や学級集団のよさ、成長・変化に出会い、またさらに次のステップへとつながりやすくなります。学級目標や個人目標も、定期的にふり返り、調整したり修正したりして、3月までよりよい活動にしていきましょう。

活動の展開

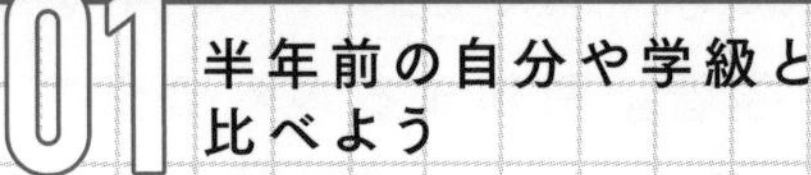

01 半年前の自分や学級と比べよう

これまで頑張ってきた自分自身や学級の友達を見つめ直す活動をします。毎月のふり返りや1学期末のふり返りなどがあれば、読み返してみましょう。頑張っていること、まだ足りないと思うことなどの意見を交流をします。

自分自身や学級全体をふり返るときの観点としてよく挙げる項目は

- 頑張っていること
- 前よりできるようになったこと
- まだ足りないと思うこと

などです。「まだ足りない」という項目を入れています。マイナスのように聞こえるかもしれませんが、プラスの項目です。自分に足りないところを見つけて補おうとすることは、よりよい自分になることにつながります。自分の人生で起きる経験や気持ちを、たし算やかけ算をしていく感覚で向き合えるような声かけを意識的に行いたいところです。

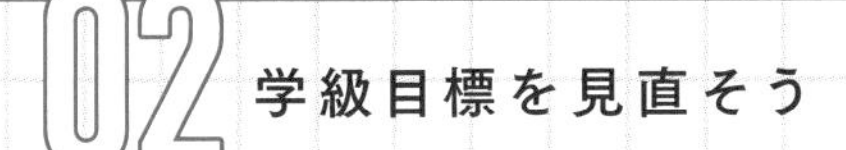

02 学級目標を見直そう

ふり返った自分たちの状態を基に、学級目標を修正します。文言はそのままでも構いません。具体的な行動目標を挙げることもよいです。さらに、目標を一つ付け加えることもよいでしょう。自分たちでよりよい学級づくりをしたいという意欲が大切です。

03 残り半年の目標を立てよう

半年後、５年生になるまでに、どのような自分になりたいかを想像し、改めて目標を立てるとよいでしょう。ぼんやりとした目標よりも、「○○をする」というような具体的な行動目標を立てることが取り組みやすくなると思います。

社会見学

ねらい

社会見学におけるグループ主体の行動を通して、協働することのよさを実感したり、友達との関係をより深めたりすることができるようにする。

ポイント

社会見学の目的は、単元の導入・展開・終末のどこに位置付けるかで変わります。導入であれば問いにつながるハテナを見つけること、展開であれば問いを解決すること、終末であれば獲得した知識を実際の様子で検証することになります。とにかく目的意識や問いを全員で共有した上で見学に行くことが重要です。ここではねらいに書いたように、友達との協働や関係を深めるために、グループ主体の社会見学の流れを紹介します。

4・5人のグループをつくり、見学する施設までの移動や施設内での見学、見学後の情報共有やまとめなどをそのグループで行います。グループをつくって確認した後、移動の際の並び方、グループ内の役割分担、社会見学に向けての問いの確認などをグループで話し合います。施設での見学の際は見学のルールに従う必要がありますが、可能であればグループで見学をするようにします。後日に行う社会科の学習では、個々が集めた情報をグループで共有し、整理する時間を取ります。また、その内容をグループごとに発表できるようにするのもよいでしょう。

4年生では社会見学に行く機会が何度かあるので、グループ主体の活動を積み重ねるようにすることで、協働することのよさに気づいたり、友達とのつながりを深めたりすることができます。社会科の学習の場であることはもちろんですが、学級経営にも生かすチャンスだと捉えてみるとよいでしょう。

社会見学の流れ

01 グループの話し合い

グループで、移動する際の並び方、必要な役割分担、社会見学で確かめることなどについて確認します。特に社会見学で何を見て、どのようなことを解決すればよいのかを社会科の学習をふり返りながら確認するように助言します。

02 社会見学～移動～

歩道を歩くときや交通機関を利用する際は、リーダーを中心にして行動できるようにします。出発前にリーダーを集めて、班のメンバーの様子を見るように伝えます。また、リーダーの指示を聞くように全体指導します。

03 社会見学～施設内～

施設に到着後、もう一度グループで何を見て、どのようなことを解決するのかを確認する時間を取ります。全員がメモを取って、帰校後に情報を共有できるようにすることも再度確認しておきます。教師は可能であれば写真を撮って資料として使えるようにしましょう。

04 情報の共有

後日、社会科の時間にそれぞれが集めた情報を共有できるようにします。01で確認した視点に沿って、一人一人が情報を伝えるようにします。出し合った情報を模造紙などにまとめておくと、他のグループが資料として活用することもできます。

授業参観③

ねらい

授業参観を通して、4月度の授業参観から学習集団がどんなふうに成長したかを伝えるとともに、日常の学級の様子を伝えられるような場とする。

指導のポイント

参観日で保護者が一番期待することは、「子どもが活躍する姿」です。クラス一人一人のよさが発揮されることを想定し、授業づくりを行いましょう。活躍が見えやすいのは発表型です。全員が活躍する機会が保障されているため、全員の頑張りを伝えることができる場になります。また、「保護者の方に伝える」というゴールがあるため、より子どもたちの学びが加速します。課題設定でやる気を高めましょう。

また、「10月」という時期も念頭に準備をしましょう。個人懇談なども終え、保護者と子ども一人一人について話し合った後、心配を抱える様子を参観されている方や、そこからの伸びを期待している方もいます。成長が感じられる場となるようにしましょう。

授業終わりに声をかけてくる保護者もいます。子どもの具体的な姿から話を進められることで、よりよい関係を築くことにもつながります。

活動の留意点

01 参観日を発表の場とする

総合的な学習の時間や国語、社会などのまとめを発表形式で行うことで、「お家の人に伝えたい！」という相手意識や目的意識のある学習になります。全員が発表する機会となるため、活躍が見えやすく保護者に成長を見せる機会となります。

02 一人一人が活躍できるよう支える

子どもたちは保護者に「いいところを見せたい！」とより意欲を燃やしています。その思いに寄り添いつつ、よさを発揮できたり、苦手な部分を克服して伸ばしたりできるよう関わります。よい発表の観点を学級で話し合い、近づけていくこともよいでしょう。

03 子どもたちの意欲付けを

参観日は多くの子どもたちにとって一番緊張する行事です。緊張が不安や興奮などの様々な姿となって現れます。リハーサルなどを行って、安心して当日を迎えましょう。授業前に、見せたい姿を共有しておくことも効果的です。

04 頑張りに対する感想をもらう

ゴールを「お家の方に伝えよう」と設定しているため、感想をもらえると満足感や今後につながります。子どもたちから家の方に感想をインタビューしたり、お便りに感想欄を設けたりしましょう。学級全体で共有しながら次の学習につなげると効果的です。

学級懇談会③

ねらい

１学期を経て、成長が見られるようになる２学期。子どもたちの成長について伝えるとともに、２学期の大きな行事について話し、保護者の協力を得られるようにする。

ポイント

２学期は、個々も集団もぐっと成長を感じられる時期です。時に思春期の入り口と言われる10歳前後の４年生なら尚更です。教師が感じる子どもたちの成長を伝える場にしましょう。２学期が始まってから懇談会の日までに見つけた子どもたちの頑張りや成長した点を具体的に伝えるようにします。例えば、「１学期以上に読書量が増えました。友達と読んだ本について紹介し合う姿も見られます」や「授業で友達に教える姿が１学期よりも多く見られるようになりました」など、１学期と比較して伝えるとよいでしょう。また、２学期は大きな学校行事が多い時期です。いつどのような行事があり、子どもたちとどのように準備を進めていくのか、行事を通してどのような力を付けたいのかを伝えるようにします。学校行事について保護者と共有することで、学校行事に対する理解と協力を得ることができます。ここで丁寧に伝えるようにしましょう。

さて、学級懇談会①（P.48）と②（P.80）では保護者が話す時間を確保することの大切さを述べました。ここでも同様に保護者が話す時間を設けます。夏休みは子どもたちと過ごす時間が多く、子どもの成長を感じるとともに新たな悩みも生じていることでしょう。そのような悩みを共有し合い、保護者同士をつなげる場をつくります。保護者に話してもらう内容を、①夏休み＆２学期に入ってからの子どもの様子　②最近の悩みなどと設定すると話しやすくなります。

活動の展開

01 ２学期の児童の様子を伝える

まずは教師から、２学期に入ってからの子どもたちの様子を伝えます。１学期と比較して、成長を感じる点を具体的なエピソードを交えて話すとよいでしょう。４月の懇談会で伝えた方針にも触れながら、教師から見えている子どもたちの成長や頑張りを語ります。

02 保護者に話してもらう

担任の話に対して、共感できる部分もあれば、不安に思うこともあるでしょう。そこで、参加者全員で一人一人の思いや悩みを聞き合う場をつくります。教師は答えを与える存在ではなく、ファシリテーターとなって話をつないでいくなどしましょう。

２学期の個々の成長・集団としての成長を共有する場にする。また、保護者がもっている悩み・不安なども共有し合えるようにする。

03 ２学期の行事について説明する

２学期にある学校行事を通して、どのような経験をして、どのような力を付けようと考えているのかを伝えます。体力的にも精神的にも負荷が大きくなる時期なので、保護者の協力が欠かせません。丁寧に説明することで理解と協力を得られるようにしましょう。

04 教室を開放する

夏休みを経て、保護者は様々な悩みを抱える頃です。懇談会終了後は時間が許す限り教室を開放して、保護者同士が話すことができるようにします。教師は一人一人が話す様子を見ながら話を聞き、必要に応じて会話に入るようにするとよいでしょう。

保護者との関わり②

ねらい

学級通信のアンケートを通して、教育活動に対する保護者の関心を高めるとともに、多くの大人が関わっているという意識を子どもたちがもてるようにする。

活動のポイント

右図の例のように、学級通信の下の方にアンケート欄を設けて、保護者から返事を書けるようにします。この学級通信を配付する際は、「もしお家の人が協力できそうであれば、書いてもらってきてください」と伝えます。全員提出にこだわらずに、数人分でも集まればよいという気持ちで実施しましょう。学級通信が家庭のコミュニケーションにつながることにも期待を込めた実践ですが、家庭の環境は様々なので、実態に合わせて実施することが望ましいです。管理職にも相談の上で実施しましょう。もし実施可能な場合は、以下のような内容で実施するとよいでしょう。授業や学校行事に合わせて内容も考えてみてください。

〔内容例〕

・子どもたちにおすすめする本
・子どもの頃に好きだった物語
・子どもの頃に好きだった給食のメニュー
・勉強に集中する方法
・友達と仲良くするコツ
・先生に一言
・自由記述　　　　　　　　など

集まったアンケートは教室に掲示してもよいでしょうし、一覧にして学級通信に載せるのもよいでしょう。授業参観のときに廊下などに掲示しておけば、保護者の関心はさらに高まると思います。

学級通信を通じた関わり

01 子どもたちに通信を配付する

学級通信に書いている内容を読み聞かせすることから始めます。右図のような通信であれば、国語の取組に関する内容なので、そこをまず子どもたちに丁寧に読み聞かせます。その上で、「もし協力できそうであれば、お家の人にもどんな本をおすすめするか聞いてみてください」と伝えます。通信に書いている内容とアンケートの内容がつながっていることが大切です。忙しそうで書くことが難しい場合は、子どもから保護者に質問して、答えてもらった内容を自分で書いて提出するようにしてもよいでしょう。

02 集まったアンケートを活用する

集まったアンケートは子どもたちにも見られるようにします。例えば、画用紙に貼って掲示したり、文書として一覧にしてまとめたりしてもよいでしょう。保護者がおすすめする本が図書室にあれば、教室で読み聞かせすることもできます。また、アンケートの内容を一覧にまとめたものを学級通信に掲載して配付することで、保護者の関心を高めることができます。それをきっかけに家でのコミュニケーションが促されたり、次のアンケートへの意欲が高まったりします。実態に応じて取り入れてみましょう。

[学級通信を通じた保護者との関わりの例]

カラフル

第××号　4年×組 学級通信　20××.10.27

最近、国語の学習の時間に漢字テストと読み聞かせをしていますね。どちらにも僕の思いがあります。

まずは漢字テスト。これには「自分に合った勉強方法を見つけてほしい」という思いを込めています。くり返し書くことでおぼえられる人もいれば、"けテぶれ"が向いている人もいることでしょう。色々な方法をためしてみて下さい。もう見つかっている人もいますね！

次に読み聞かせです。これには「様々（さまざま）な物語の世界にふれてほしい」という思いを込めています。本の世界に入ると普段の生活では経験できないことを味わうことができます。この経験を重ねることで、みなさんの心がさらに豊かなものになります。

4年×組には本が好きな人が多いと感じています。今後もさらに本を好きになって、色々な本に出合ってほしいです。

---------- きりとり ----------

保護者のみなさまへ

できれば物語

子どもたちにおすすめする本を教えて下さい。「お家の人たちがすすめる1冊」として紹介したいと考えております。ご協力お願いします。

（何冊でもかまいません）

題名

ご協力いただける場合は、お子様を通じてご提出下さい。

11月 関係を広げ、対話力を高める

▶11月に意識すること

・今までよりもチャレンジの質を高める
・子どもたちの関係性を把握し直す

11月の学級経営を充実させるために

●様々な関係性が生まれる場をつくろう

４年生にもなると、これまでの学年以上に子どもたちのグループ化が見られるようになるでしょう。11月にはそのグループのメンバーも固定化されているはずです。

子どもたちに仲良しグループがあることは悪いことではありません。ただ、他のグループの子との関係性が悪いのは考えものです。授業や学級活動を通して、様々なグループの子同士が関わり合う場をつくることで、子どもたちの関係性を広げていくようにするとよいでしょう。

●２学期末に向けて「やってみたいこと」をいっしょに見つけよう

最近「魔の11月」という言葉を聴くようになりました。「11月になると学級が荒れやすくなる」ようです。大きな行事が終わったことにより、子どもたちが次の目標を見失ってしまうことが影響しているのでしょう。

そこで、子どもたちに改めて「２学期末に向けて取り組みたいこと」をいっしょに見つけられるようにします。９月にいっしょに考えたことで、まだ実現していなかった取組があったり、また新たに取り組みたいことが見つかったりするでしょう。２学期末に向けての思いを共有することで、またいっしょに取り組めることが増えます。

注意事項

教師が「子どもたちの関係性が固定化したり安定したりしてきたな」と思ったときに、子どもたちのことを丁寧に見なくなってしまいます。そうすると、子どもたちの関係性の些細な変化に気付くことができなくなるでしょう。この時期に改めて「丁寧に把握しよう」と意識したいものです。

子どもたちの対話力を高める

▶ねらい

11月にもなると、子どもたちだけで活動することがさらに増えてきているでしょう。その際、子どもたちの対話力がきちんと高まっていると、子どもたち同士で対話しながら物事を考えたり、活動したりすることができます。子どもたちの対話力の成長を支える意識をもちましょう。

内容

子どもたちが考えを聴き合っている様子を観ていると、よりよい対話を行うための言葉がたくさん聞こえてきます。こうした言葉を抽出して価値付けることで、子どもたちが意識していないことをより意識できるようにします。

〔価値づけたい言葉の例〕

よりよい対話を行う言葉	そのよさ
だって…/なぜなら…	根拠、論拠と共に伝える
どこからそう考えたの？	根拠、論拠を問う
〇〇くんと似ていて/ちがって	他者と比べる
もう一回言ってくれない？	「聴きたい」という願い
もう少しくわしく教えて	深掘りしようとする
〇〇さんはどう考える？	様々なメンバーと共に考えようとする

こうした言葉をその価値と共に共有することで、子どもたちの対話力は高まっていきます。「共に考える」よさを実感できるようにしたいものです。

ポイント

・子どもたちから聞こえてきた言葉を抽出して価値付けるようにしましょう。
・子どもたちがこうした言葉の価値を感じられるようにすると、自然と活用するようになります。
・徐々に「自分たちの対話」について自分たちで目を向けられるように支えましょう。

教室掲示⑦

ねらい

学級の全員で協力してできる一つの壁面作品をつくることを通して、子どもたち同士が助け合ったり話し合ったりしながら、互いを知る機会をつくる。

指導のポイント

季節に合わせて壁面の掲示を変えると、学級の雰囲気が温かくなったり、季節を感じられたりします。また、協力の証が壁面にあることで、子どもたち自身が成長を感じることもできます。

11月は、紅葉、トンボ、キノコ、クリ、コスモスなど折り紙にできそうなものがたくさんあります。子どもたちに「11月といえば？」と問い、季節の言葉を共有しながらイメージを膨らませて、壁面掲示を作成しましょう。

おすすめ折り紙サイト

タブレット端末を使うと、折り紙の折り方が載っているサイトを見たり、YouTubeで動画で折り紙を折っている様子を見ることができます。

おすすめサイト

＊「おりがみくらぶ」
https://www.origami-club.com/

＊「創作折り紙 カミキィ」
https://kamikey.jp/

＊「【保存版】折り紙の折り方まとめ ※350種類以上」monosiri
https://mono-siri.com/20388

＊「教育おりがみ」ショウワノート株式会社
http://www.showa-grimm.co.jp/special/

活動の展開

01 折り紙を三角に折り、じゃばら折りをする

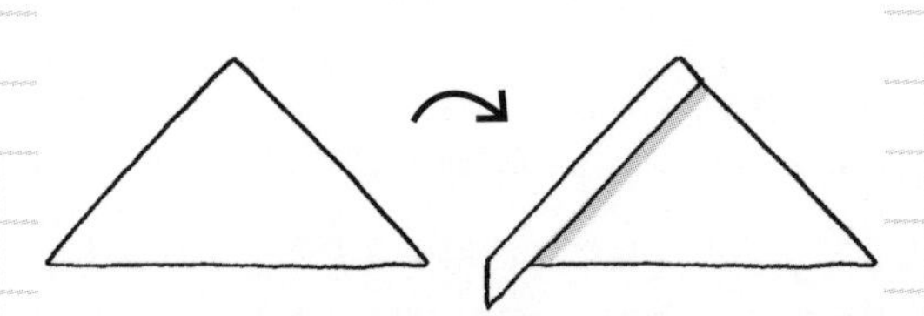

1辺15cmの折り紙を三角に折ります。斜辺からじゃばら折りをして、あとをつけたら、最初の三角の状態に開きます。

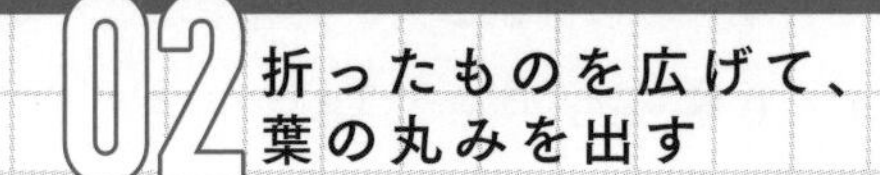

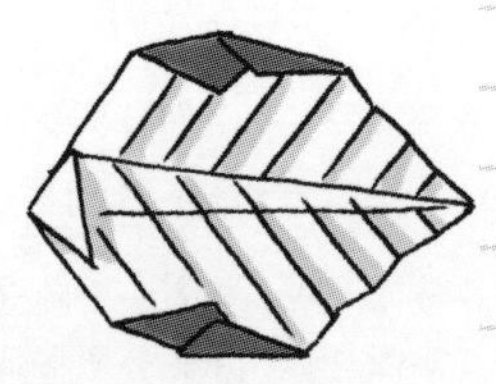

底辺の部分を少し折り上げ、葉が丸みを帯びるように角になっている部分を内側へ折り返します。表を向ければ枯れ葉の完成です。

教室掲示で季節を取り入れる

アイデアを出し合って、その学級オリジナルの指示にします。季節の変わり目に彩りを加えると、教室がパッと明るくなります。

03 キノコやトンボなど、秋をイメージできるものをつくる

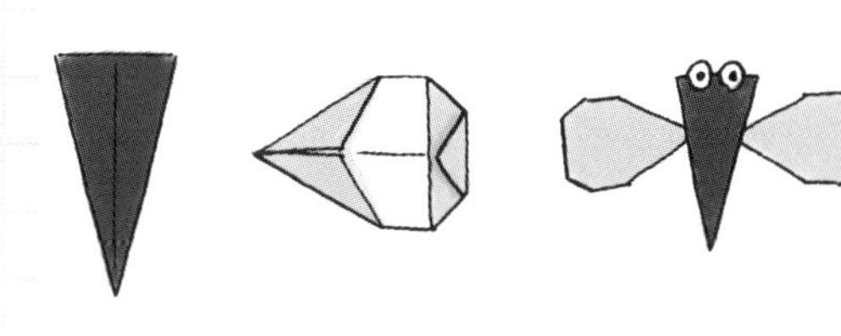

落ち葉といっしょに掲示したいものを、相談して決めます。学級全体で同じものをつくってもよいですし、各グループで相談してそれぞれ違うものをつくるのもいいでしょう。折り方は本を用意したり、タブレット端末でWEB検索したりするとスムーズに活動できます。

04 グループで掲示の仕方を相談する

折ったものがグループによって違う場合は、どのように掲示するかを相談させます。

みんなで話し合い、こだわったものが掲示されると、グループの結束も一層高まるでしょう。

人権学習②

ねらい

「人権」という言葉に出会い、一人一人の違いに気付いたり、一人一人を大切にしたりする気持ちを育む。

指導のポイント

「人権」という言葉を提示しても、4年生には理解が難しいことが多いです。「人権」とは、「一人一人が生まれながらにもっている、幸せに生きる権利」であることを説明します。子どもたちの理解は、この段階ではぼんやりとしていても構いません。高学年になると、社会科や道徳などでくり返し考える機会に出会います。担任する子どもの様子や状態に合わせて、どのような学習内容にするかを検討してほしいと思います。

11月だからこそ人権を考える

11月は「人権」について考える期間に適していると思います。

①11月20日は「世界こどもの日」

1959年のこの日、国連総会で「子どもの権利宣言」が、30年後の同日、「子どもの権利条約」が採択されました。子どもたち自身が、権利について知り、考える機会になります。

②人権についての取組を行う自治体が多い

全国各地で、人権月間や人権週間として、性差別、虐待、誹謗中傷、いじめなどについて考え、防止する取組が行われています。

この機会に、4年生には一人一人の違いだけでなく、世界の子どもたちにも視野を広げるチャンスをつくりたいところです。同じ年頃の子どもたちの生活や様子を見て、自分自身の生活を見直したり、考え方が広がったりすることにつながります。

活動の展開

01 実態に合わせて教材を選ぶ

学習テーマは「子どもの人権」とします。このとき、学習に使用する教材はどのようなものがよいかを考えます。

①絵本や紙芝居

「絵本ナビ」というサイトや学校図書館で探してみましょう。

②動画

NHK for Schoolで「人権」「こども」と検索するとたくさん動画が見つかります。また、UNICEFやNGOのサイトでも動画が掲載されています。

③資料（写真、新聞記事など）

この時期になると、小学生向けの新聞にも、人権について考える記事が掲載されます。

02 「知る」ことから始める

教師が1冊の絵本を読み聞かせします（『ランドセルは海を越えて』内堀タケシ 写真・文（ポプラ社）など）。子どもたちに「今、素敵だと思ったことを、友達と話してみましょう」と言います。驚いたり、不思議に思ったり、納得したりする様子が見られます。

03 自分の今と比べてみる

自分に似たところや異なるところなど、見つけたことを周りの友達と意見交流します。子どもたちの中には、相手を尊重する意見や思いやりのある言葉を選んで表現している子もいるので、紹介していきます。

04 自分ごととして考える

「自分は周りの人とどのように過ごしていきたいですか。そのために、どんな行動をしてみたいですか」と尋ね、色々な考えを出し合います。この考えの違いもまた、一人一人のよさなのだと認めていきたいところです。

芸術鑑賞

ねらい

芸術を鑑賞する意義を理解しながら、作品を通して感じたことを共有することで、感じ方の違いを知り、芸術に対する見方を多様にする。

指導のポイント

芸術鑑賞会は、多くの学校で年に1回程度行われている学校行事です。演劇や音楽など、プロの方を招いて生で鑑賞することができる貴重な機会です。だからこそ、「観て終わり」にせず、事前指導によって鑑賞意欲を高めたり、事後指導によって一人一人の感じ方を共有したりすることで、興味・関心を広げられるようにしていきましょう。

事前指導

音楽の場合は、事前に演奏に使われる楽器の音を聴いたり、演奏される歌を歌ってみるのがおすすめです。実際の演奏を聴くと、生の迫力や抑揚のある音の響きを感じられ、より一層感動します。

演劇の場合は、物語のあらすじを伝えて、ある程度の内容を理解した上で鑑賞します。あらすじを理解していれば、演技に集中して観ることができるため、役者の表情や声の出し方などに関心をもつ子どもが増えます。

芸術鑑賞会中は、決まりを守り、静かに鑑賞するようにします。しかし、参加型の芸術鑑賞も増えているため、機会があればどんどん参加するように子どもたちに伝えておきます。

芸術に直接触れることで、子どもたちの感受性が豊かになったり、作品を作る側の人たちへの興味から視野が広がったりする経験になるでしょう。

活動の展開

01 芸術鑑賞後、教室へ戻り付箋を一人3枚配付する

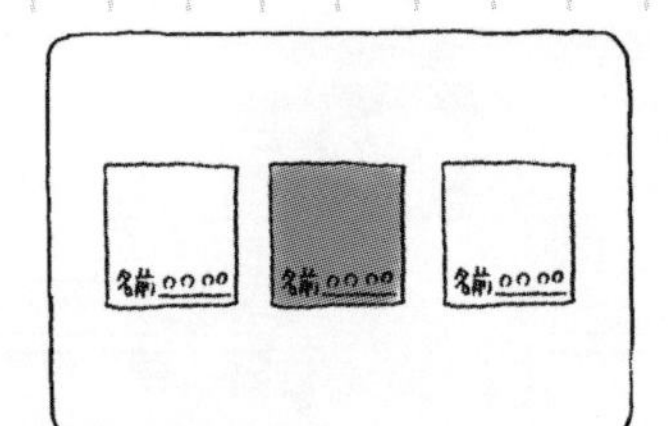

5cm×5cmの付箋を一人3枚配付します。付箋を各列に適当な枚数配布し、3枚ずつ取って後ろの席へ回していきます。それぞれの付箋に自分の名前を書いて待つように指示します。

02 心に残ったことベスト3を付箋に書く

芸術鑑賞を終えて、心に残ったこととその理由を3つ書きます。1番目から3番目までをそれぞれ付箋に書けたら、付箋をグループのメンバーに見えないようにして、机をグループの形にします。

多様な見方を共有して実りある鑑賞に

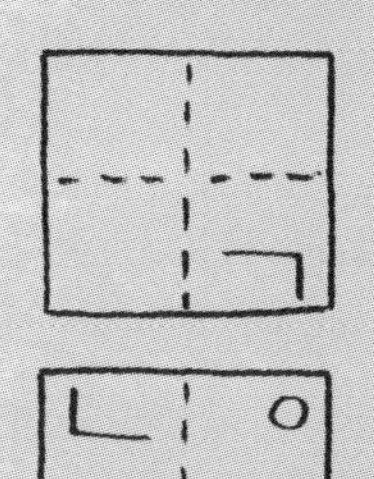

ないた赤おに

心にのこったシーン
ベスト3を書こう！

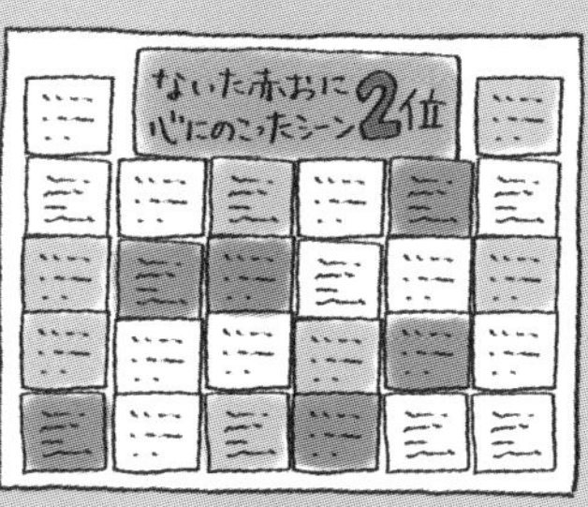

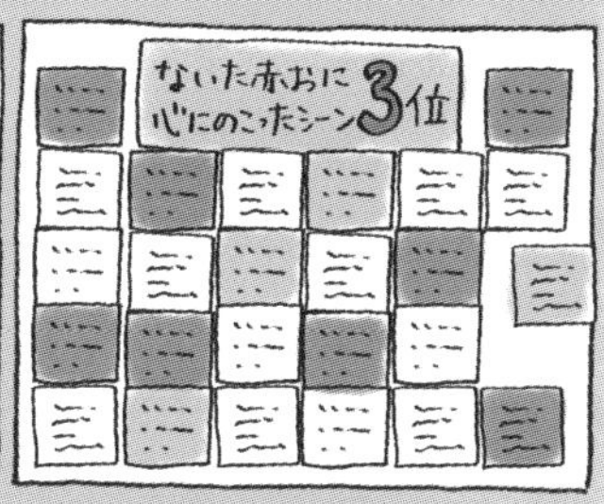

03 「3・2・1・ドン！」の合図で付箋を出し、感想を交流する

机をグループの形にしたら、みんなで一斉に３番目に心に残ったことから発表します。このとき、「３・２・１・ドン！」のかけ声で付箋を出すと盛り上がります。グループで３枚全部を交流し終えたら机を戻します。

04 画用紙に付箋を貼り、壁面に掲示する

交流を終えたグループから四つ切りの画用紙に付箋を貼ります。付箋が剥がれやすい場合は、教師がのりで接着します。子どもたちの色々な感じ方が画用紙を眺めるだけで感じられ、それを掲示すると、芸術鑑賞会の余韻を楽しむことができます。

学習発表会

ねらい

自分自身の"今"を見つめながら、行事を通して"未来"の自分を想像し、思いを馳せる。

指導のポイント

「目指す姿を明確にすること」と、「仲間と思いを共有すること」がポイントです。

行事は、何も考えずに行うこともできます。毎年のことだから、決まっていることだから、という考えで取り組んでしまうと、子どもたちが自己調整力を身に付けることはできません。目指す姿を共有し、仲間の努力に気付けるようにしましょう。

行事の流れ

① 担任から行事の目的を伝える。
② 担任から、学年として、どのような姿を目指してほしいかを伝える。（子どもたちで考えを出し合う場合もある）
③ 目指す姿から、個人の目標を立てる。

―練習―

④ 担任から、子どもたちの姿を見て気付いたよい点を伝える。
⑤ 担任から、行事を通して成長した姿を毎日の生活につなげる意識をもたせる。

―行事―

⑥ 目標に対するふり返りをする。
⑦ 行事を通した自分の変容を中心に、行事作文を書く。
⑧ 作文を読み合い、仲間のがんばりに気付く。

行事の始まりと終わり

01 目標を達成するために努力できる点を考えさせる

ワークシート（右ページ）に
・好きな歌の歌詞
・好きな理由
・どのような思いや意図をもって歌を歌うか
について書きます。

毎回、合唱の練習を終えると、聴いている人の立場で歌声がどうであったかを伝えます。そして、立てた目標に対して、今日の歌い方はどうだったか、がんばれたところはどこかを自分でふり返るようにします。

02 学習発表会を終えて、作文を書く

作文の条件を下記のように設定します。
・好きな歌詞とどんな思いや意図をもって歌ったかを入れる。
・目標と目標に対するふり返りを入れる。

子どもたちが仲間のがんばりに気付けるよう、作文を共有します。

仲間のがんばりへの気付きが、相手を認め、尊重することにつながります。相手を大切に思う気持ちが少しずつ積み重なることによって固い絆となり、集団としての大きな成長につながります。

目標設定のためのワークシート

【好きな歌詞】
「この青空はきっと続いてる」

【好きな理由】
「続いている」じゃなくて、「続いてる」って書いてあるのが自分に語りかけている感じがして温かい感じがするから。

【どんな思いや意図をもって歌う？】
聴いている人たちに語りかけるように、優しい感じで。どこまでも続く真っ青な夏の青空を思い浮かべながら。

【好きな歌詞】
あなたの毎日が　世界を創り

【好きな理由】
私の過ごしている毎日が、世界のためになるのだと、安心できる歌詞。これからも頑張ろう。と思える歌詞。

【どんな思いや意図をもって歌う？】
学習発表会を見にきてきてくれている保護者の人も、励ませると思う。だから、どんどんこれからもお仕事とか頑張ってね。という思いで歌いたい。

子どもが書いた作文

学習発表会作文

題名　五年生は十人十色

静まり返った体育館に私たちの足音だけが響いている。私はピアノの椅子に腰を下ろし、背筋を伸ばした。ちらりと観覧席の方を見ると、私をじっと見ている目、目、目。たくさんの視線が私に突き刺さるようで思わず目を逸らす。周りの人に心臓の音が聞こえてしまうのではないかとヒヤヒヤするほど、体がこわばっていた。
（こんなのじゃダメだ。もっと冷静にならないと。）
やっと気づき、大きく深呼吸をする。しっかり、息をたっぷり吸う。テストの前にもするように。それを数回繰り返していると、私の心臓はやっと落ち着きを取り戻してきた。指揮者の先生はみんなと目線を合わせた後、鍵盤を叩こうとしている自分にアイコンタクトを送る。それを感じ取った私は、力強く鍵盤を叩いた。
　鍵盤の上で細い指を一生懸命走らせると同時に、私の中でもたくさんの情報が頭の中を走り回っていた。練習で何回か間違えていたところが近づけば神経を張り巡らせ、その難所が終われば少し緊張をほぐした。
（ここは難しい。リコーダーのメロディをよく聴いて。）
（だけど、緊張しすぎてもダメ。楽しんで弾く。）
（このリズムは先走りやすい。落ち着いて合わせないと。）
だんだんクライマックスへと曲が近づくと同時に、指先へと力が入る。ペダルを強く踏み込めば、強弱がつき始めた。そして、最後の音を力強く奏でた。演奏し終わると同時に、また体育館に静寂が戻る。興奮している気持ちを抑えながら、私は立ち上がった。曲が一つ終わった達成感からか疲労がどっと出た気がする。椅子を直し私は次の曲の準備を始めた。

七割ほど完成している列の間に滑り込み、私は姿勢を整える。たくさんの視線を浴びたからか、一曲だけで疲労困憊だ。指揮者が出るまでの間、前に書いた学習発表会の目標を思い出した。
「五年生みんなで心を一つにして、優しく幻想的に歌う。」
確かそんな目標を書いた気がする。心を一つにってどういうこと？よく目標に掲げるけど、簡単なことではない気がする。焦らず、ゆっくり時間をかけてだんだんとできていくもの。みんなの個性は十人十色。その赤や青、黄や緑のたくさんの色が集まってできる色が、「心を一つ」っていうことだと思う。指揮者の先生が手を挙げる。私は足を肩幅に開き、後ろで手を組む。
（『この青空はきっと続いてる』のところが好きだから、あそこは真夏の青空をイメージして歌おう）
好きな歌詞に注意する目標を思い出し、私は大きく息を吸った。静かだった体育館に、優しくて幻想的な歌声が満ちる。歌っている私も、思わずうっとりしてしまった。一・二番は優しく、緩やかに。サビは高音が少し苦しいけど頑張って。小さく、大きく。最後は大きく、元気よく。まぶたを閉じれば、すぐそこに美しい宇宙が広がっているようだった。
　個人個人の歌声はとても綺麗だけど、たった一人では壮大な宇宙を表現することは難しい。一組が集まって、二組が集まって、三組が集まって、みんなが集まって。五年生全員の持ち味が重なり合い、響き合い、美しいメロディとハーモニーを奏でる。みんなを音符に例えてみる。もし誰か一人でも欠ければ、このハーモニーは奏でられただろうか？たくさんの音符が並び、共鳴し合うことでできたこの音楽は、プロから見たら不恰好で不協和音を奏でているように見えるかもしれない。でも、それでいい。十人十色なこの音楽は、五年生のアルバムに入る、この世でたった一つのかけがえのない音楽なのだから。

教室掲示

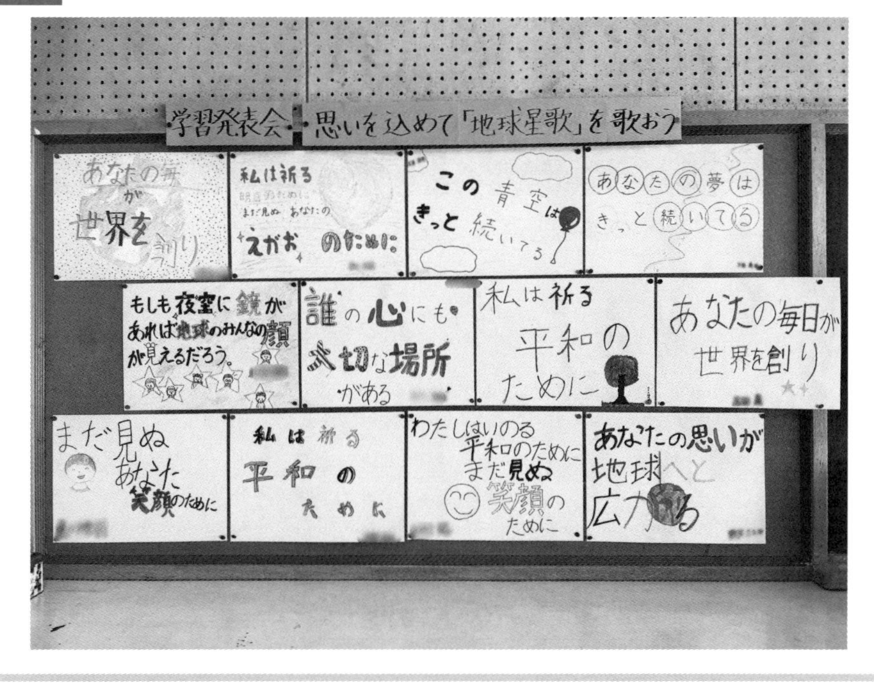

マラソン大会

ねらい

自分の目標に向かって取り組む中で、体の動かし方を見つけたり、体力を高めたりする。友達と協力し、励まし合いながら、前向きに取り組むよさに気付く。

指導のポイント

冬になると、ある一定の距離を走る活動を行う学校も多いかと思います。マラソン大会に向けて、マラソンタイムを設けたり、体育の時間の初めに練習したりすることもあるでしょう。このとき、「どうしてマラソン大会をするのだろう」と、子どもたちといっしょに目的やねらいを考えてみるとよいでしょう。教師の思いや願いだけで取り組ませるのではなく、子どもたちも主体的に、自分の目標に向かって取り組みやすくなります。

活動の展開

01 コースや距離を考えよう

長い距離を走る持久走（マラソン）は、体育科としては「体つくり運動」に位置します。小学校学習指導要領解説　体育編では、中学年では、（イ）「体を移動する運動」として、「一定の速さでのかけ足」（無理のない速さでかけ足を３～４分程度続けること）と記されています。

そこで、コース（どのような道を走るのか）、距離（どれだけの長さを走るのか）については、保健体育部（運営）だけでなく、学年の教師で相談をし、子どもたちの様子や状態を踏まえて検討していくことも大切にしたいところです。子どもたちが主体的に取り組む活動ができるように環境設定しましょう。

02 目標を決めよう

「どうしてマラソン大会があるのだろう」「マラソン大会をしたらどんなよいことがあるのだろう」と子どもたちに問いかけ、活動の目的を考えます。

子どもたちの意見から、学級としてのねらい（どのような態度で取り組むか、どのような力を高めたいか）をまとめたり、一人一人の目標（どれくらいの記録を出したいのか、どれくらい記録を伸ばしたいのか、何位になりたいかなど）を立てたりします。

大会当日の記録にこだわり過ぎず、練習時のタイムを記録し、自分自身の伸びに目を向けるようにしましょう。

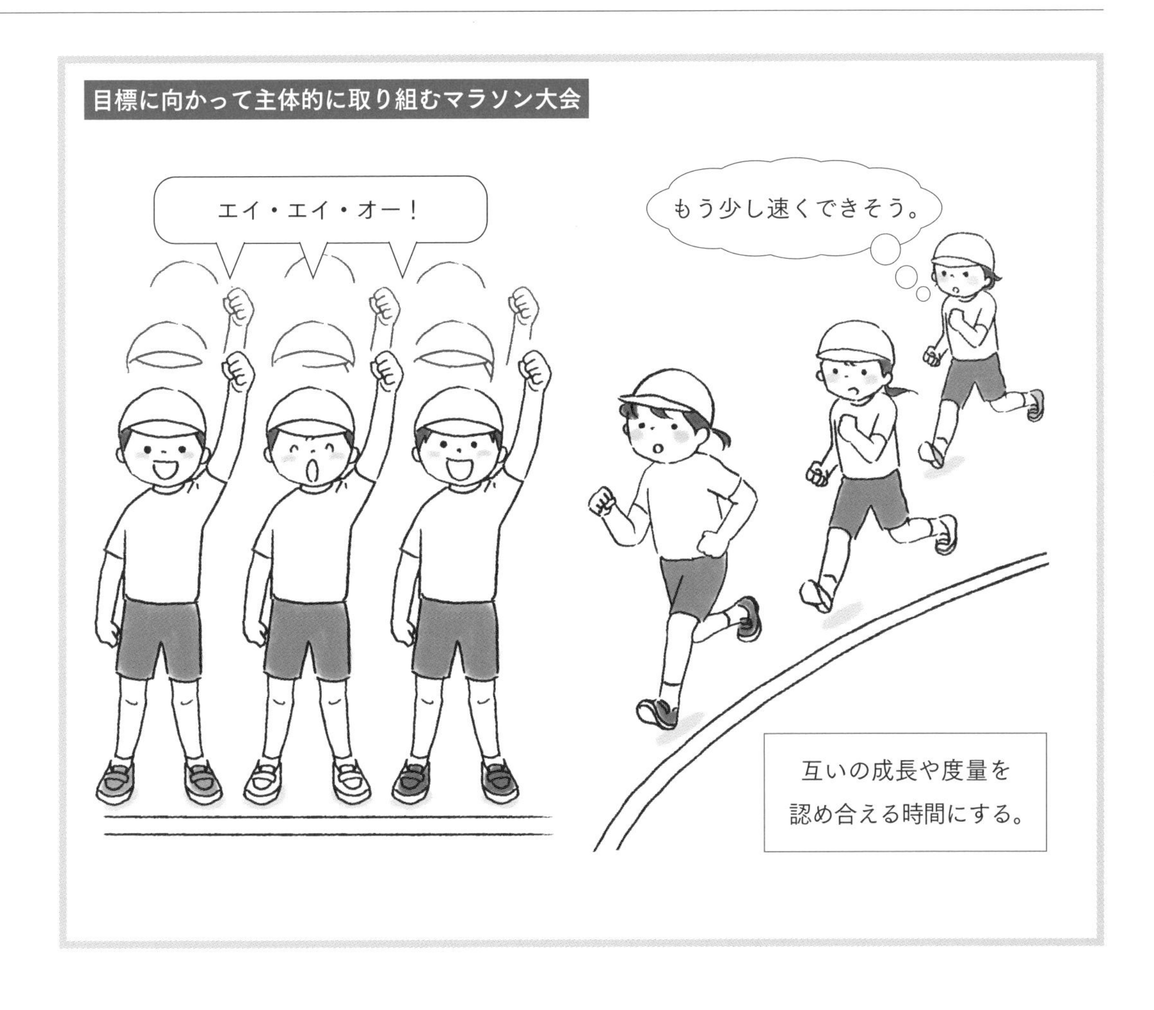

03 練習しよう

運動場の土や砂のトラックを走るかけ足とは異なり、アスファルト道路を走ることもあるでしょう。50m走の勢いでスタートを切り、段々と走ることが嫌になり、歩いてしまう子もいます。苦しくない程度のリズムを見つけることを大切にしながら練習します。そのとき、足や腕の動かし方や走るときの姿勢、呼吸の仕方などを助言しましょう。

練習の初めは、タイムを記録せず、一定の距離を走り続けることに重点を置くとよいです。友達とアドバイスし合ったり、認め合ったりしながら、協力して取り組みたいです。

04 大会当日も認め合おう

大会当日、子どもたちは緊張して、自分の体の調子が整わず、足が痛くなったり、体が重くなったりします。スタート前から、学級の友達と励まし合ったり、かけ声をかけて明るく盛り上げたりして、前向きに取り組みたいところです。

大会ですから、順位やタイムが出て、周りの人と比べてしまいがちです。そんなときこそ、これまで記録してきた自分の頑張りに目を向け、お互いの成長をたたえ合えるとよいでしょう。頑張ったという認定証を作って渡すと、子どもたちも喜びます。

12月 試行錯誤していける集団をめざす

▶12月に意識すること

・試行錯誤のサイクルの質を高められるようにする
・２学期の成長を実感できるようにする

12月の学級経営を充実させるために

●お互いの成長を支え合える関係性をつくろう

４月当初は、教師が中心となって子どもたちの成長を支えていたと思います。しかし、いつまでも教師だけが頑張るのもおかしな話です。同じ環境で過ごしている者同士、お互いの成長についても意識できるようにしたいものです。

これまで教師が問いかけて子どもたちが考えられるようにしてきたことを、子どもたち同士でできるようにします。「どうすればうまくいくかな？」「次はどうしようか？」ということをいっしょに考えられるようになると、さらに子どもたちは自分たちで試行錯誤しながら成長していくことができるでしょう。

●様々な分野のリーダーに頼ろう

２学期末にもなると、子どもたちの中で「○○はＡさんに任せたらいい」「△△はＢさんに聴いてみるとうまくいくかも」といったものが生まれてくるでしょう。子どもたち一人一人のよさがさらに生かされるように、あらゆることを子どもたちに頼るようにします。

もともと自分から進んでリーダーシップを発揮する子ばかりではありません。しかし、頼られることによって「じゃあやってみようかな」と思う子もいます。あえて「頼る」ことをたくさんすることで、子どもたちのリーダーシップが育ちます。

注意事項

２学期末に子どもたちが成長を実感できるような場づくりをする際、１学期末と同じような場づくりだと子どもたちは「何となく１学期と同じようなこと」に目を向けようとします。様々なことに取り組んだ２学期だからこそ見られる成長を子どもたち自身が実感できるようにしたいものです。

パワーアッププロジェクト

▶ねらい

子どもたちが自分たちの課題を自分たちで解決していこうとするようになると、教師のすべきことは減ります。「パワーアッププロジェクト」という名前で、子どもたちが自分たちの課題に目を向けられるようなきっかけをつくります。

内容

「４年〇組パワーアッププロジェクト」と黒板（ホワイトボード）に書くだけで、子どもたちは「何をするのだろう？」「パワーアップって？」とワクワクし始めます。そこから、「どんなことをパワーアップしたい？」「どんなことに困っている？」と問いかけながら、子どもたちといっしょに乗り越えたいことを見つけるようにします。

「パワーアップしたいこと」「乗り越えたいこと」が決まったら、プロジェクトチームをつくります。そこで「こうすればうまくいくのでは？」「こうすればいいよ」ということを見つけて、学級全体に提案できるようにします。

〔プロジェクト例〕

・漢字力アッププロジェクト
・美整理プロジェクト
・ICTフル活用プロジェクト
・忘れぬプロジェクト
・自主学習テーマ見つけプロジェクト
・笑顔あふれるプロジェクト

…など、子どもたちは様々なプロジェクトテーマを見つけるでしょう。子どもたちなりにプロジェクトを進める姿を支えます。

ポイント

・「この課題も解決させたい」と無理やりプロジェクトをつくらないようにしましょう。
・子どもたちの「やってみよう」「こうすればうまくいくかも」を大事に受けとめましょう。
・「提案して終わり」ではなく、継続し続けられるように声かけを忘れないようにします。

教室掲示⑧

ねらい

教室掲示を自分たちで作成することを通して、友達と協力したり、行事に向けて学級全体で楽しもうとする気持ちを高めたりする。

指導のポイント

一人一人が折り紙の１パーツを作成し、それらをグループで組み合わせて一つの作品をつくります。

グループで声をかけ合いながら進めている場面や、よりよくなるように工夫している場面を見つけて、「助け合っているね」「協力しているから速くできたね」など、行動を価値付ける言葉をかけるようにします。

活動の展開

01 緑の葉を折る

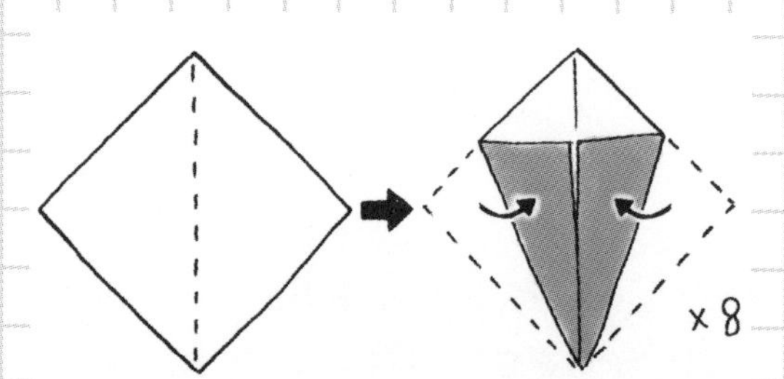

①一辺15cmの緑色の折り紙を２枚用意します。②全て正方形に４等分して、８枚にします。③1枚を三角に折り、開きます。④③の折り筋に合わせて辺がぴたりと重なるように折ってできあがりです。⑤同じものを８枚つくります。

02 赤い葉を折る

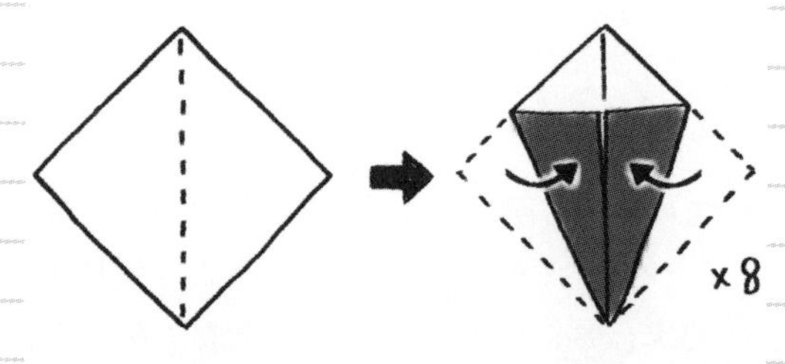

①一辺15cmの赤色の折り紙を１枚用意します。②全て正方形に９等分します。③緑の葉と同じように折ります。④同じものを８枚つくります。（１枚余る。）

学級全体で楽しむことを目標に

03 ポインセチアを完成させる

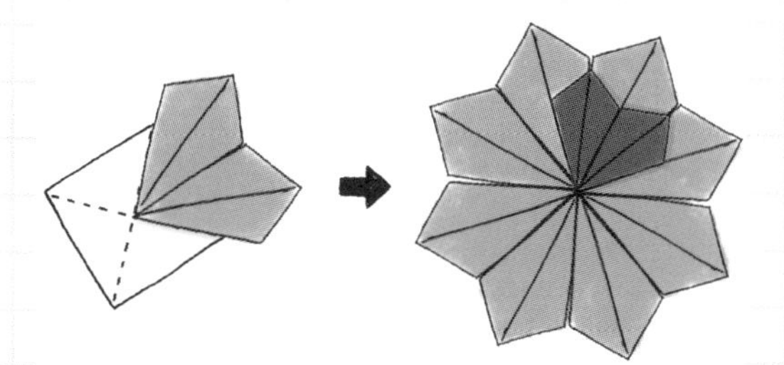

①一辺7.5cmの折り紙を三角に十字に折って開き、台紙にします。②台紙にのりを塗り、01の葉を上の写真のように貼り合わせます。③同じように赤い葉も貼ります。④緑の葉と赤の葉を重なりポインセチアができあがります。

04 掲示板に貼る

掲示板にポインセチアを貼った後は、グループで相談し、もう一度ポインセチアをつくったり、サンタやオーナメントなどの好きな飾りをつくったりしてもよいことを伝えます。

人権学習③

ねらい

身の回りで起きやすい問題やトラブルを取り上げて、危険性を知り、その対応について考え、よりよい生活を送る。

指導のポイント

インターネットやSNSで起きる危険性を取り扱うとき、「～してはいけない」と禁止の内容だけで指導してしまうことがあります。

危険性を知り、回避の仕方や対処の仕方まで考えていくことが大切です。

子どもたちの中には、経験の差があります。経験豊富な子の体験談も大切にしながら、今後経験するであろうことを想定して、どうしたらよいかを考えさせていきましょう。

情報社会の中での「人権」

GIGAスクール構想が進み、タブレット端末を利活用した授業が展開されています。それぞれの教科の中で、モラルやリテラシーについても学習していくことと思います。そして、「人権」の視点から、モラルやリテラシーについて学習する時間を設定していくことも大切でしょう。

学習していくに当たって、動画教材をおすすめします。子どもたちの中にも、SNSやインターネットの経験の差があるため、動画は視覚的に理解しやすいものです。

文部科学省の「情報化社会の新たな問題を考えるための教材～安全なインターネットの使い方を考える～」やNHK for Schoolの「スマホ・リアル・ストーリー」などでは、子どもたちに実際に起きるトラブルが分かりやすくまとめられています。

活動の展開

01 子どもたちの現状を共有する

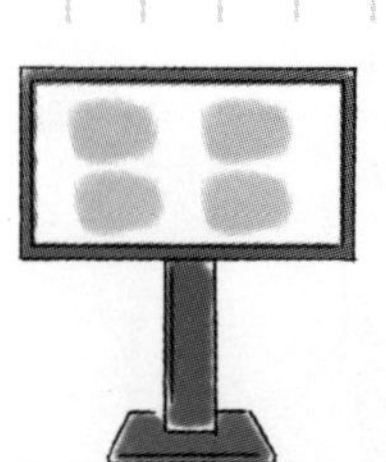

家庭でスマホやタブレット端末、ゲーム機などを使っていて、思ったこと、困ったことを事前に調べておきます。タブレット端末のアンケート機能を活用してもよいでしょう。授業の初めに、匿名で内容を紹介します。

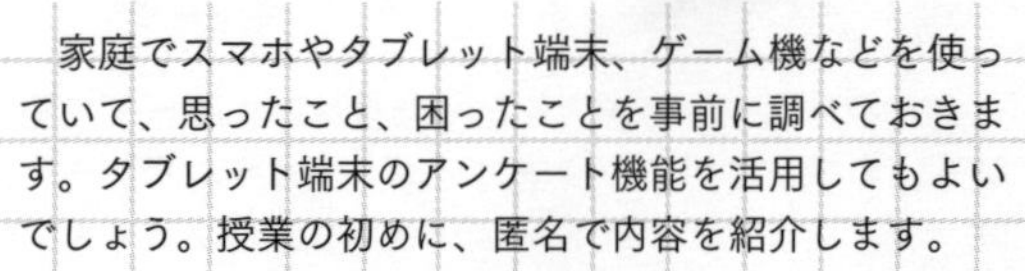

02 動画を見る

NHK for Schoolの「スマホ・リアル・ストーリー」にある「送った写真のゆくえは…」を視聴します。この動画での出来事について、どのような問題があるかを子どもたち同士で交流することで、危険性を整理します。

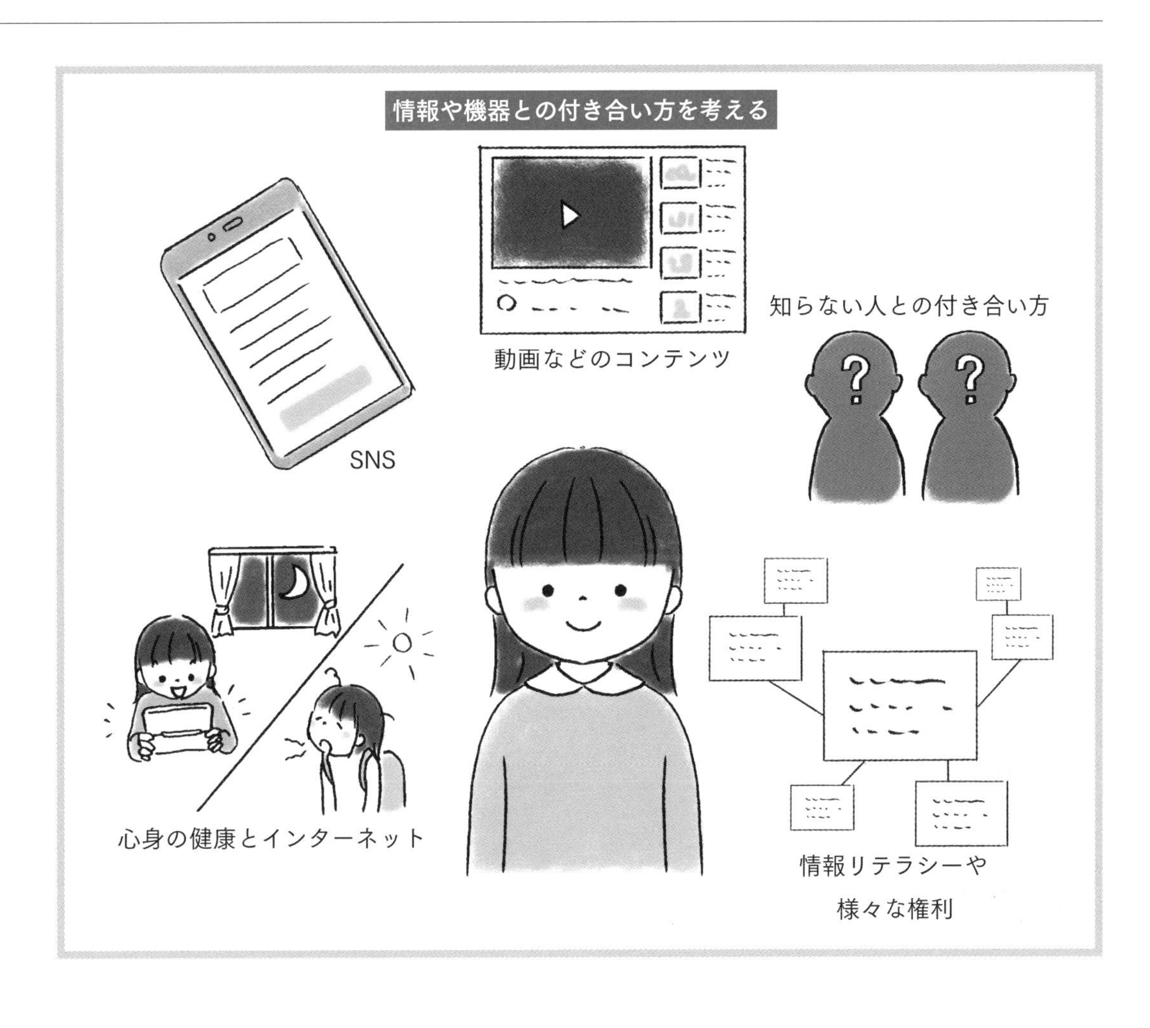

03 回避や対処の方法を考える

危険性を踏まえて、回避するためにどうしたらよいか、対処するためにどうしたらよいかの２点の意見を出し合います。子どもたちや教師の経験談を取り入れてもよいでしょう。今後出会う可能性が大いあるので、場合を設定して考えることも大切です。

04 「肖像権」や「著作権」について

スマホやタブレット端末の出現により、写真や動画をいつ、どこでも、何枚でも撮影しやすくなり、「肖像権」や「著作権」を侵害してしまう（されてしまう）可能性も高くなりました。

これらの権利について、どのような権利なのか説明することも大切です。

子どもたちが使っているSNSの中には、「切り抜き」や「拡散」という行為が多くあります。自分の行為で、誰かを傷つけている可能性があることも考える必要があります。

「される側」だけでなく「する側」になることも考えられるので、法を基に説明していきましょう。

自主学習②

ねらい

1～2週間かけて自分の問いを解決する学習を通して、探究的な学習のサイクルを知るとともに、自分で学びを進めることの楽しさを実感できるようにする。

活動のポイント

自主学習①（P.90）で紹介した内容は2、3日で完成する簡易的なものであったのに対し、自主学習②は1、2週間かけて取り組むことをイメージしています。自分で見つけた「ハテナ」に対して、調査・観察・実験などを自分で行って解決していきます。そしてその内容をまとめて伝えるところまでを自分でデザインします。活動は強制せず自主的なものとし、楽しんで取り組むことを一番の目標にします。冬休みの課題として取り入れてもよいでしょう。

右ページのような「自主学習デザインシート」を配り、自主学習の流れをつかむようにします。

〔ハテナを探す〕

普段の生活や授業の中でふと疑問に思ったことを「ハテナ」として取り上げます。

〔計画を立てる〕

ハテナに対する予想や仮説を立て、どうすれば解決できるのかを考えます。そして具体的に調査・観察・実験などの方法を決めます。

〔解決する〕

自分が立てた計画に沿って、活動を進めます。

〔まとめる〕

デザインシートに書き込んだ内容やメモしたことを新聞・ポスター・プレゼンテーションなどにまとめます。

〔ふり返る〕

自分の自主学習をふり返って、よい点と改善点を見つけるようにします。

活動の留意点

01 ハテナを探す

自主学習の説明をした後に「はい、それではハテナを見つけましょう」と活動に入るのはハードルが高いので、普段からアンテナを高くしてハテナを集めることの大切さを伝えておく必要があります。普段の生活の中でふと疑問に思うようなこと、例えば「どうして川の水は流れ続けるのだろう」とか「祝日は誰がどのように決めているのだろう」といった内容をメモしておくように伝えます。授業で取り上げられなかったハテナをメモしておくのもよいでしょう。事前に伝えておいて自主学習に生かせるようにします。ハテナには自分の学びを前に進めるパワーがあることを体験できるように仕かけていきます。

02 ハテナを解決する

ハテナによって、どのように解決するのかは変わってきます。観察したり質問したりして解決できる環境があれば積極的に取り入れるように助言します。それが難しい場合には、図書資料やインターネットを活用するとよいでしょう。ただし、すぐにインターネットを使うのではなく、まずは図書資料を活用するようにし、補助的にインターネットを使用することをおすすめします。その理由は、情報の信憑性にあります。メディア・リテラシー育成の観点からも、この点については丁寧に指導しましょう。集めた情報は記録し、まとめに活用します。誰かに伝えるためにまとめるという意識があると、活動に対する意欲がより高まります。

［自主学習デザインシートの例］

自主学習デザインシート

名前（　　　　　　　　　　）

①ハテナをさがそう！

（　　　　　　　　　　）

②計画を立てよう！

予想・仮説（かせつ）（　　　　　　　　　　）

たしかめる方法（　　　　　　　　　　）

③ハテナをかい決しよう！

（　　　　　　　　　　）

④まとめよう！

新聞・ポスター・リーフレット・プレゼン・その他（　）

⑤ふりかえろう！

よかった点	かいぜん点

学期末学級会②

ねらい

様々な学校行事や学級での取組を経験したことを生かし、さらに集会活動を通して、一人一人のよさを見つけたり、認め合ったりする活動を行う。

指導のポイント

２学期末の学級会では、ある程度の人間関係を築くことができている状態なので、一人一人が力を発揮する機会にできるとよいと思います。一人でなくても、小集団やグループでの発表や特技披露をすることもおすすめです。もちろん、学級全体でのレクリエーションも、早い時期から子どもたちがアイデアを集めてやってみると楽しいでしょう。

「季節の行事」との兼ね合い

12月は、クリスマスが待っています。子どもたちから、「クリスマス会をしたい」という意見が出ることもあります。このとき、教師は、すぐに許可を出すのではなく、一旦、意見を受け取り、留まる方がよいでしょう。子どもたちの中には、家庭の事情で季節の行事に参加できない場合もあります。必ず、管理職や学年主任と相談をして決めましょう。そして、学級会で話し合う前に、事前に学級通信を通して、保護者への共通理解を図っておくことをおすすめします。

会の名称については、年間を通して「○学期がんばったね集会をしよう」という議題に固定しておく方法もあります。集会名については、学級会後に子どもたちが内容に合わせて変更することもできます。教師と子どもたちが集会のねらいを明確にもち、共通理解していることが何よりも大切です。

活動の展開

01 学級会の準備をする

学級会を運営する計画委員会が、議題や活動計画を考え、学級全体へ提案します。その提案を基に、一人一人が学級のみんなで取り組みたいことを考えておくよう伝えます。

02 学級会をする

１学期末の集会での思い出や異学年交流での経験、これまで学習してきたことを基に、子どもたちから楽しい意見が出てくることでしょう。また、一人や小グループでの発表の機会もつくりやすい時期です。勇気を出して取り組もうとしている姿を認め合える集団にしていきたいところです。

１学期と比べると、それぞれの意見のよさや違いを見つけながら、よりよい意見にまとめられるようになっていることと思います。教師は、その成長した姿を見つけて、学級会の途中や終わりに紹介しましょう。

03 事後活動を行う

集会に向けた準備や集会活動での子どもたちの様子を観察しましょう。創意工夫している姿やお互いを思いやる態度が増えていきます。その度に、教師が褒め、認め、価値付けていくことを大切にしましょう。

04 3学期に向けてふり返る

この学級として過ごすことができる時間は残り３ヶ月です。これまでの学級集団としてのよさや高まりを自分たちで見つけ合いましょう。特に、集会活動でのよさが多く挙げられると思います。

終業式

ねらい

2学期の成長を味わい、3学期に向けての意欲を高めるとともに、冬休みの過ごし方について理解し、充実した冬休みを迎えられるようにする。

指導のポイント

夏から冬へと3つの季節を過ごした長い2学期の終わりは、子どもたちのたくさんの成長が感じられます。終業式では、

① 成長をふり返る
② 冬休みの指導
③ 3学期の活動や進級を見据える

などの指導を行います。

1学期の終業式からの成長を踏まえ、子どもたちの成長によりつながるような関わりをするとよいでしょう。

活動の展開

01 長い2学期の成長をふり返る

学級全体で2学期の成長を味わいます。活動が想起できるように写真や行事予定を使って、活動をふり返るとよいでしょう。学級の成長はメンチメーター（意見の集約・視覚化アプリ）などを使うと全員の意見を共有化でき、成長の高まりを感じることができます。

02 冬休みの指導（学習）

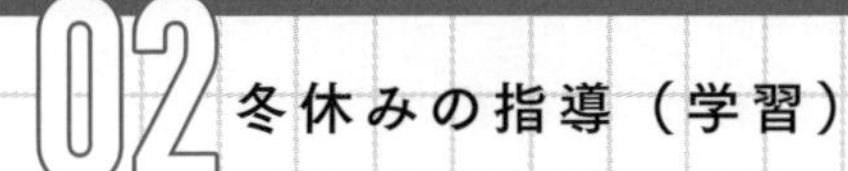

宿題や生活表などは、夏休みの子どもたちの様子を基に指導します。また、一人一人が自分の課題を見いだせるよう、2学期間の学習内容をいっしょに確認しながら、苦手な単元を見つけ、勉強内容を整理する「学習処方箋」を作ることで、自律的な学びにもつながります。

2学期をふりかえろう！

①成長をふりかえる

行事の写真

行事の写真

行事の写真

メンチメーターを使うのも有効！

②冬休みにしたいこと・気をつけたいこと

・学習しょほうせん

学習処方箋

自分のニガテをみつけて、勉強しよう

・冬休みにしたいこと
行事　自分にできること
安全にすごすには？

03 冬休みの指導（生活）

夏休み同様、校内の指導事項を基に安全や過ごし方について指導します。また、年末年始には様々な行事（大掃除、正月など）があります。国語の学習と絡めるなどして、冬休みにしかできないことに取り組むことをすすめるとよいでしょう。

04 3学期の活動や進級を見据える

長期休暇明けは、子どもたちの登校の足取りは重いものです。3学期にある楽しみを伝え期待をもてるようにします。また、5年生に向けての準備期間を楽しめるような教師の思いや活動についても伝え、見通しをもてるようにしましょう。

1月 仕切り直し、次学年に意識を向け始める

▸ 1月に意識すること

・できていることを大切にする
・次の学年を意識し始められるようにする

1月の学級経営を充実させるために

●「仕切り直す」ことを大切にしよう

3学期のスタートも「仕切り直す」ことを意識します。ついつい2学期末の子どもたちの姿を思い出し、「2学期末はこんなこともできたのに」「3学期になってできないことが増えた…」と子どもたちの「いま」をマイナスに捉えてしまいます。できなくなることが増えるのも当たり前です。冬休みをまたいでも「できていること」を大切にしたいものです。

また、子どもたちも「仕切り直したい」と思っているかもしれません。「3学期こそは‼」と思っている子は、2学期の自分を捨て去りたいと思っています。せっかくある仕切り直すチャンスを生かしましょう。

●「新しい1年間の始まり」をうまく生かそう

3学期のスタートは「新しい1年間の始まり」でもあります。大人でもこの機会に「新年の抱負」を話す人が多いでしょう。「こんなことをしてみたい」「こんな自分になりたい」と思い描きやすい時期です。新しい1年の始まりだからこそ抱く思いを大切にしたいものです。

ここから始まる1年間は、4年生よりも5年生である時間の方が長いです。「1年間の目標」を立てる際に、自然と「5年生での自分」も意識するでしょう。5年生になることを意識しながら残りの3学期を過ごすきっかけをつくることができます。

注意事項

3学期になると、「教師の色を抜く」「子どもたちに任せることを増やす」といったことがよく言われます。ただ、それは「何もしない」わけではありません。この時期でも常に子どもたちの現在地を捉えるようにしましょう。

１年間の目標づくり

▶ねらい

３学期の始めに１年間の目標を意識できるようにすることで、子どもたちは次の学年のことも考えるようになるでしょう。「１年の始まり」「新たな気持ちで過ごす」という絶好の機会を生かせるようにします。

内容

「１年間の目標」といっても、

「大事にしたいこと」
「チャレンジしたいこと」
「乗り越えたいこと」「頑張りたいこと」
「○○な自分になりたい」
「宣言！１年後の自分の姿！」

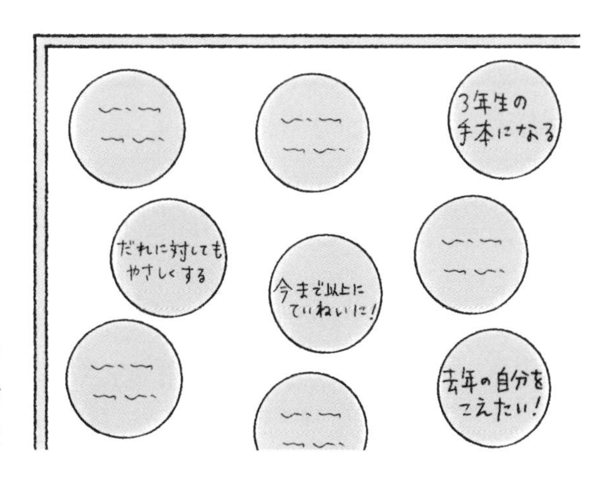

…など、様々な言葉で表現することができるでしょう。子どもたちに合った言葉を使いながら、１年間の目標を立てられるようにします。

学年全体で取り組み、簡単に貼り直せるようにしておくと、５年生につなぐことができます。５年生の学級スタート時にお互いのことを知るきっかけのひとつにすることができるでしょう。（せっかく「１年間の目標」を立てたのに、３月（学年末）で見えなくなってしまうのはもったいないです。）

ポイント

・「新年開始」「新たなスタート」の気分をうまく生かすことができるようにしましょう。
・「目標を立てなければならない」にはならないようにしたいものです。
・子どもたちだけでなく、教師もいっしょに目標を立てるようにするとよいでしょう。

教室掲示⑨

ねらい

新しい年を迎え、真新しい気持ちで目標をもつことができる。３学期の行事を見通すことで、目標に向かって何をすべきかを自分自身で考えることができる。

指導のポイント

「目標を立て、ワークシートに書いて掲示する」という活動の中で、「自分の目標を大切にする」という意識を育てることが大切です。

そのために、「自分で作りたいものを決めてお正月飾りを折る」というオリジナリティが生まれる活動を組み合わせます。

掲示した目標を見渡したときに均一になるのではなく、自分らしさを感じられる掲示にすることができるでしょう。

活動の展開

01 ３学期の見通しをもつ

まず、３学期の日数を子どもたちと数えます。２学期が80日ほどあったのに対し、３学期は50日ほどしかありません。

次に、３学期の行事や主な学習を、学年だよりなどを見ながら確かめます。「６年生を送る会」、「社会見学」、「大縄大会」、「最後の参観」、「卒業式」など、短い期間でも多くの行事があることを子どもたちに意識付けます。

ペアやグループで、どんなことに挑戦したいか対話する時間をとると、行事に向けてのイメージを広げることができるでしょう。

02 目標を書くワークシートを配付する

紙やタブレットで目標を書くワークシートを配付します。ポイントは、目標とする姿だけでなく、目標を達成するためにどんなことに取り組むかを具体的に考えて書けるようにスペースを設けることです。

タブレットを使用して目標を書く場合は、１学期や２学期の目標を参照できるようにしておきます。すると、２学期までの自分の姿を俯瞰することができます。

2つ以上目標がある場合は、箇条書きで目標を達成するためにすることを書くように指示しましょう。

黒板に貼って共有

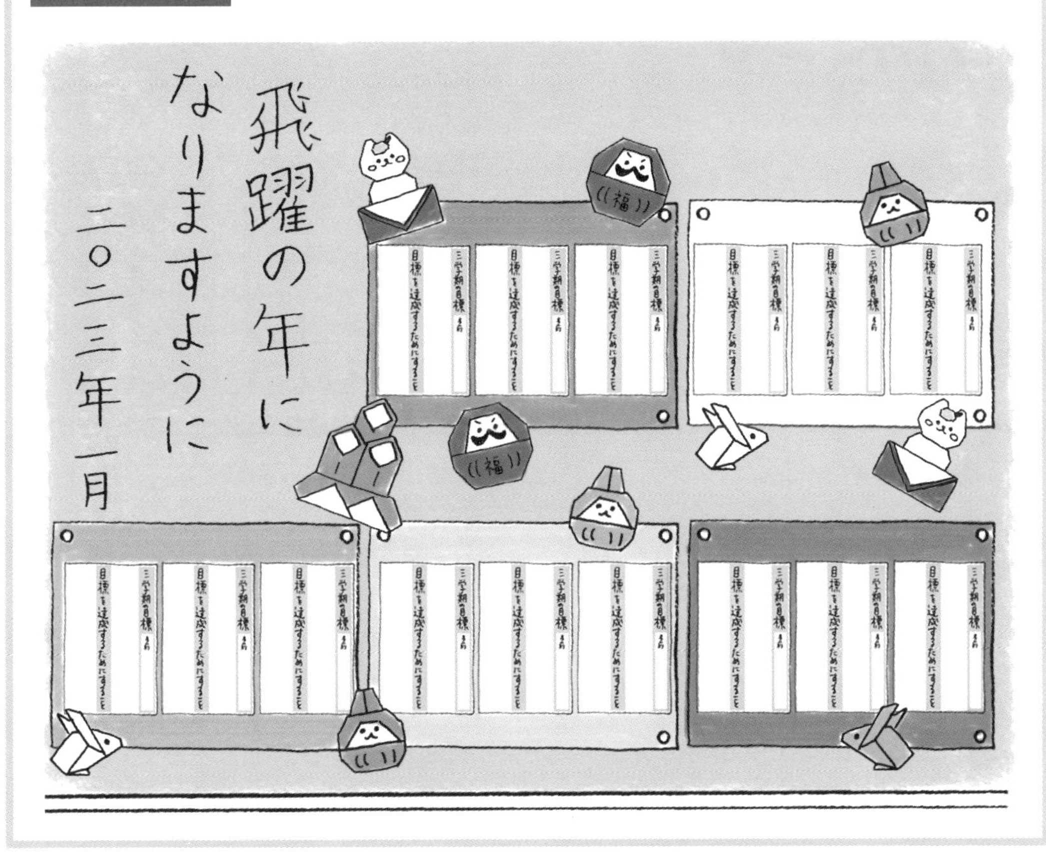

03 折り紙でお正月の飾りを折る

目標を掲示したときに、自分の目標がすぐに見つかると常に目標を意識しながら生活をすることができます。

そこで、お正月飾りを折り紙で作成します。タブレットや本で調べて、折りたい作品を決めて、一人でつくります。

1つ作品をつくり終わった後は、友達同士で教え合ったり、さらに別の作品をつくったりしてもよいこととします。

新学期になったばかりで少し緊張気味の子どもたちも、折り紙を通して和やかにコミュニケーションをとることができるでしょう。

04 色画用紙に目標と折り紙を貼って、掲示板に掲載する

八つ切りの色画用紙に、４人分の目標を中央に貼り、その上下に折り紙を貼ります。好きな方向に傾けたり、はみ出したりしても大丈夫と伝えておくと、子ども自身が工夫をして貼るようになります。

後方や、教室横の掲示板に貼り、目標を意識して生活できるようにします。

朝の会や帰りの会のとき、また行事に向けて練習が始まるときなどに、目標をふり返る機会をつくると、子どもたち一人一人の意識が高まるだけでなく、自己調整力が高まります。

始業式

ねらい

新たな学期の始まりに向けて、見通しをもったり、意欲を高めたりする場をつくるとともに、長期休業を終えた子どもたちの様子を確認し、３学期に向けての関わりを考える。

指導のポイント

新しい年を迎え、「こんな１年にしたい！」「今年こそは！」「○○ができるようになりたい」と心新たに登校する子も多くいます。前向きで成長を得られやすい時期といえます。子どもたちと新たな目標を共有し、意欲を高めていくことができるチャンスです。

残り３ヵ月とゴールも見えてきています。１年を締めくくる「まとめの学期」であるとともに、次の１年につなぐ「高学年へつなぐ学期」であることを伝えましょう。「５年生０学期」という表現もあります。

その上で、行事や活動、先生の思いを伝える場を設けることで、子どもたちのやる気はより加速します。

発達段階的に、今までの進級とは異なり、変化に不安を感じる子もいます。進級に対して、「５年生になりたくない」「先生や友達が変わることが心配」といった後ろ向きな捉えをしている子がいれば、不安を取り除ける関わりを継続的に行っていきましょう。学級全体でも、

① 今年１年の成長を価値付ける
　→「来年も大丈夫！」「全校での活躍に期待！」
② クラス替えをしても多くの友達がいる
③ ５年生では楽しい活動が多くある

ということを子どもたちに伝えるよう心がけていきましょう。

活動の展開

01 新年への期待を生かす

新年の目標をもっている子も多くいます。一人一人が表現する場を設け、個々の意欲を見取るのもよいでしょう。イメージがもてない子がいる場合は、活動や行事を取り上げます。その上で、先生からも３学期への期待や思いを伝えると意欲が増します。

02 「まとめ」「次の学年へつなぐ」

１年の残り日数が50日程度でゴールが見えてくる時期です。４月には５年生となることを見据えて、学級全体と子ども一人一人が見通しや意欲をもてるような関わりをします。３ヵ月の行事や活動を提示することで、具体的にイメージしやすくなります。

5年生0学期！

お帰りなさい！　リフレッシュできたかな？

いよいよ4年生3学期！　5年生まで◯日。

今まで付けた力を出して、よりレベルアップしていこう！

3学期の予定

1/26　○○-学習
2/2　現地学習
2/9　○○○○○フェスティバル
2/17　○○交流授業
3/23　○○式
3/25　修了式

会えるのを楽しみにしていたヨ！

始業式の黒板メッセージのポイント

① 学校生活の再スタートに向けてやる気が出るメッセージ
② 今後の予定を見通せるようにする
③ 楽しいことがありそうだと思える前向きな内容にする

03 一人一人の様子を見取る

夏休み同様、様々な環境で過ごした子どもたちの表情は異なります。また、新年や進級へのワクワク感がない子もいます。進級に対して後ろ向きな子は、残り３ヵ月で安心して進級に向かえるよう「何が不安なのか」を捉え、個々に関わっていくことが必要です。

04 日常的に進級への関わりを

進級への期待には「成長の自覚」「５年生へのワクワク感」が必要です。日常的に成長を取り上げ、５年生での期待を伝えましょう。また委員会活動の様子を取り上げ、来年は「自分たちがやるんだ！」と具体的にイメージし、５年生の動きを意識するとよいでしょう。

係活動③

ねらい

友達と協働する多様な係活動を通して、集団生活及び人間関係をよりよく形成するとともに、自己実現を図ろうとする態度を養う。

指導のポイント

学期ごとに係をつくってもよいでしょうし、子どもたちの様子を見て、前の学期の係活動を継続してもよいでしょう。

係をつくる際には、子どもたちが「楽しめること」を重視します。自分たちで考え、選び、決定することは、係活動への意欲にもつながります。しかし、いきなり「係を考えましょう」と投げかけても、子どもたちは考えることができません。ここでは、いくつかの係を紹介します。

PMAPシート記入例

ある年の新聞係の活動に対するPMAPシートのコメントを紹介します（PMAPシートについては、P.171を参照）。

〔P（プラス面）〕
・新聞にクラスの誕生日の子を紹介するコーナーがあるのはうれしい。
・月に１回発行している。よいペースだと思う。

〔M（改善点）〕
・文字が多くて、読むことがたいへん。

〔A（アドバイス）〕
・タブレット端末を使って、写真を記事の中に入れるとよいと思う。
・○月号はＡさん、△月号はＢさんというように担当を決めてみては？

〔P（お願い）〕
・先生のクイズコーナーをつくってほしい。
・漫画係とコラボしてつくってほしい。

係の例

01 リラックス係

友達がリラックスして休むことができるように、ゆったりとした椅子やマットなどを用意してリラックスできる空間をつくる係。子どもたちは、そのスペースで本を読んだり、お昼寝をしたり、ボードゲームで遊んだりする。

02 Happy 係

日常的にイベントを企画したり、学期末のお楽しみ会の準備を中心になって行ったりする係。企画したものには、指相撲大会や消しゴムバトル大会などがある。お楽しみ会の出し物を募集するためのポスターなどを作る。

［PMAP分析シート例］

PMAP分析シート

（　　　　　　　　　　　　　　）係へ

PLUS（良かった点）		ADVICE（アドバイス）	
MINUS（改善点）		PLEASE（お願い）	

〈使い方〉

①PMAPシートを届ける係名を（　）に書く

②その係のよかった活動、改善点を書く

③その係へのアドバイスやお願いを書く

④係ごとに集めて共有する

03 漫画係

自作の漫画を教室で披露する係。手描きで４コマ漫画を描いたり、タブレット端末を使ってイラストを描いたりする。おもしろい漫画を描くだけでなく、物語の中に友達を登場させている子どもも。

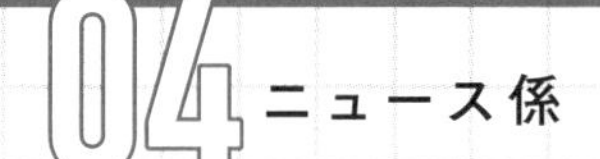

04 ニュース係

学校や地域のニュースを報告する係。タブレット端末を使って、新しく赴任してきた教師へのインタビュー映像を撮影し、教室で放送するなどの活動ができる。友達の特技が映像で披露されることも。

避難訓練③（地震）

ねらい

校内で地震が発生したときを想定した避難訓練を行うことで、地震に対する理解を深め、身の安全を守る方法を実践しようとする。

指導のポイント

地震が、他の災害や不審者の侵入と違う点は、自分の体で何が起きているかを感じられることと、危険が瞬時にやってくるということです。

つまり、非常事態を認識してすぐに行動できる判断力を養うとともに、命を守る行動の選択肢をもっておくことが重要になります。

事前指導

地震大国といわれる日本では、防災教育が大変重要な教育になっています。いつ、どこで起きてもおかしくない状況であることを子どもたちと確かめ、様々な場面で地震が起きた場合の行動を想定してみることが大切です。

例えば、理科や家庭科で火やガスを使っているいる場合。登校途中で建物の近くにいる場合。休み時間でトイレの個室にいる場合。このような場面を想像すると、揺れが起きているときの危険を防ぐ方法と、揺れがおさまってから取る行動を具体的に考えることができます。火やガスはすぐに使用をやめること、ガラスなどが割れる可能性から建物からはすぐに離れること、トイレの個室の扉が歪んで出られなくなる可能性から、すぐに扉を開けることなどを知っておくと、いざというときに判断できます。子どもたちが自分で命を守る行動を取れるように、事前指導を丁寧に行いましょう。

活動の展開

01 通常通りに授業を始める

子どもたちには、その日のどこかで避難訓練があることを伝えておきましょう。子どもが自分で行動できるようにするための訓練です。訓練だから特別なことをするのではなく、訓練だからこそ通常通りに授業を始めましょう。

02 訓練開始時

放送が入るとすぐに机の下に入り、机の脚を掴んで頭を守るようにします。教師は、子どもたちが全員頭を守れているかを確かめ、揺れがおさまるまで動かないように伝えます。揺れがおさまっても第二波が来る可能性から常に頭を守るようにします。

様々な場面での避難を想定する

03 避難中

防災頭巾を被ったり、教科書などで頭を守りながら、廊下に整列し、他のクラスと連携して避難します。このときにも、想像力を働かせ、通路に危ないものはないか、壁は崩れていないか、第二波が来たときはどうするか、考えながら速やかに移動します。緊張感をもって行動しましょう。

04 事後指導

事後指導では、自分の行動についてふり返りを行います。また、阪神淡路大震災や東日本大震災の資料を見せて、地震が起きた際の避難方法や被害の可能性について考えを広げる機会にします。映像資料を見せる場合には、強い刺激を与えてしまうこともあるため、事前にどんな映像が流れるかや、見ない選択肢もあることを伝えておきましょう。

児童会

ねらい

児童会活動の取り組みを通して、集団や社会生活における生活及び人間関係をよりよく形成するとともに、課題解決に向けて行動できる態度を養う。

指導のポイント

多くの学校では、４年生や５年生から児童会に参加できるようになります。そのため、４年生には、児童会の意義や魅力を説明します。
具体的には、

- 何のためにあるのか
- どのような組織なのか
- どのような活動をするのか

これらを子どもたちが理解することが重要です。子どもたちが、児童会活動に意欲的に取り組めるようになる第一歩といえます。

学級代表の選出

学級で学級代表を決める際には、事前に子どもたちに説明すべき大切なことがあります。

- 児童会について
- 児童会活動を通して、リーダー性や責任感などが育まれること
- 学級の代表であること
- 学級代表を先生は全力でサポートすること
- 休み時間や放課後にも活動があること
- 選出する日及び選出方法について

くれぐれも押し付け合いにならないように、事前の指導は丁寧に行いましょう。

立候補を募り、立候補者が複数いる場合は、立候補した理由を学級で話させます。その後に、投票で選出する方法が一般的かと思います。しかし、選出方法は多様にありますので、実態によっては、他の方法も考えられます。どのような選出方法でも、子どもの意志を尊重して決めましょう。

活動の展開

01 学級での話し合い

子どものリーダーシップや協調性を育むためにも、学級での話し合いでは、教師はサポートの立場を心がけましょう。具体的には、話し合いの様子を見ながら、議題を確認する、板書をする、論点を絞る、選択肢を示す、時間設定をするといったことが考えられます。

02 学年行事を企画・運営

学級代表を中心に企画・運営できる学年行事の場を設定することは、子どもにやりがいを与えます。例えば、各学級代表がスポーツ大会を企画する。各学級で種目のアイデアを集める。それを各学級の学級代表がもち寄り、最終決定していくという流れです。

03 6年生を送る会

児童会で6年生を送る会のテーマや各学年での出し物が決定します。それらを基に、学年として、どのような内容にしていくかを、学級代表を中心に決定していきます。教師は、子どもたちが会までの見通しをもって考えられるようにサポートをしていきます。

04 活躍を学級に発信

児童会は多くの行事を企画・運営します。しかし、それまでに、どのような準備を行っているかは他の子どもに見えにくいものです。そのため、教師は、学級で児童会の活躍を発信していくことが重要です。保護者にも学級通信などで発信していきましょう。

2月 関係を広げ、教師の「出」を減らす

▶2月に意識すること

・次の学年につながる活動ができるようにする
・これまで以上に教師の「出」を減らす

2月の学級経営を充実させるために

●「学年」での関係性をつくることができる場をつくろう

2ヶ月後には子どもたちにとって新しい学年が始まります。これまでどおりに「学級」での毎日も大切にしますが、学年係活動・学年遊び…など、少しずつ「学年」で活動できる機会を増やすようにしましょう。

こうすることで、子どもたちは少しずつ関係性を広げていくことができます。ずっと学級内で閉じたままでいると、4月にまた新たな関係性をつくることが難しくなります。じわじわと広げていく機会を大切にしたいものです。

●自分たちだけでできることが増えていることを価値付けよう

4月から様々な試行錯誤を経ながら、少しずつ自分たちだけでできることが増えてきているはずです。教師は、こうした子どもたちの成長を丁寧に見ているからこそ、きちんと価値付けるようにします。

ここではあえて「自分たちだけで」に注目できるようにします。「どのようなことができるようになったのか」「どうすれば自分たちだけでできるようになったのか」に目を向けられるようにすることで、次年度以降もこうした成長を生かすことができるようになります。

注意事項

1年間の終わりが近づくと、「こんなこともできたはずなのに」「まだこれができていない」といったことが気になってしまいます。あまりにも焦ってしまうと、ついつい口うるさくなってしまいます。今、できていることを大切にしましょう。

心の余裕を保つ方法

▶ねらい

「注意事項」にも書きましたが、ついつい子どもたちにあれこれ言いたくなってしまうものです。もちろん、「言ってはいけない」ではありません。しかし、子どもたちのよりよい成長を支えるためには「言わずに見守る」ことも大切です。心の余裕を保つ方法を知っておくとよいでしょう。

内容

筆者（若松）は、子どもたちの様子を観ていて気になったことをすぐに伝えてしまうタイプの教師でした。「すぐに伝える」ことで、子どもたちの成長の機会を奪ってしまうことも多かったです。子どもたちの試行錯誤や「今」を受けとめる心の余裕が無かったのでしょう。こうした自分に課題を感じて、自分なりに「心の余裕を保つ方法」を見つけようとしました。

〔心の余裕を保つ方法（筆者の例）〕

- 深呼吸をする
- 「大事にしたいこと」を付箋に書いて教室の机に貼る
- 「今、何が起きているか」を捉えようとする癖を付ける
- 「こうすべき」を捨て去る
- ふり返り、自分の心が乱れるときを知る
- 「できていること」に注目し直す
- 小学生時の自分を思い出す
- 心の余裕を保とうとすることを諦める

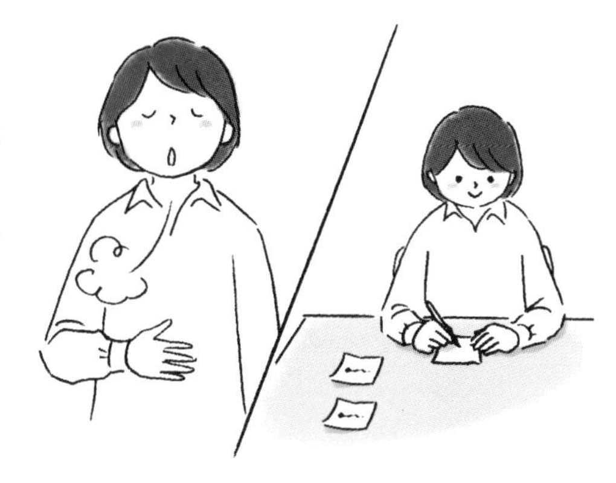

これらが全てではありません。これらを参考にして、ぜひ「自分なりの心の余裕を保つ方法」を見つけてください。

ポイント

- 自分の「ざわざわした心」と「指導や支援」のつながりを知るところから始めましょう。
- 決して、「心の余裕を保たなければならない」ではありません。考えすぎないようにします。
- いろんな時期の「心の余裕を保つ」に注目すると、様々な発見があるでしょう。

4月 5月 6月 7月 8月 9月 10月 11月 12月 1月 2月 3月

教室掲示⑩

ねらい

1年間の一人一人や学級全体の頑張りや成長が見える掲示をすることで、自信をより一層もつことにつながる。

指導のポイント

4年生の学級もあと2ヵ月。段々とさみしさを感じる頃です。掲示物を見ながら、子ども同士や先生と子どもがさらにつながろうと会話を増やすきっかけとなる取組を取り入れたいところです。下段の4つの活動を紹介します。

「学級じまい」に向かう教室掲示

2月は3学期の半ばではありますが、「逃げ月」と言われるほど、あっという間に過ぎる時間でもあります。いつの間にか「学級じまい」を迎えてしまい、学級での思い出づくりが期待以上にはできないこともあります。

そこで、2月は、教師が「演出家」になりきって、子どもたちの思い出でいっぱい、季節感でいっぱいの教室環境や掲示物をつくってみましょう。このとき、「楽しかった」だけでなく、「離れるのはさみしいなあ」「この学級でよかったなあ」と思えるような演出をできるとよいでしょう。そうすることで、3月には、子どもたち自身がアイデアを出し合って、思い出づくりに取り組むようになります。

活動の展開

01 節分「自分の〇〇おに」

自分の中にいるおには…。

「節分」に合わせて、絵本の読み聞かせをしたり、自分の中にいる「〇〇おに」を考えたりした後、ワークシートを書いて掲示します。掲示物を見て、「ああ、分かる～」「私もそう！」などと話題になります。

02 教室思い出写真館

学級が始まってから撮影した写真や学級通信などを全部掲示します。これまでの頑張りや思い出をふり返りながら、残りの時間で学級として取り組みたいことを考えるといいでしょう。

[学級掲示の例]

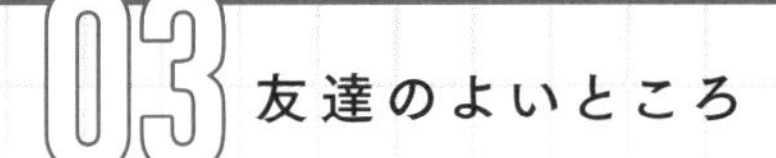

03 友達のよいところ

2月の今だからこそ見つけ出せる、学級の友達のよいところや頑張りがたくさんあるでしょう。直接言うのは恥ずかしいかもしれませんが、小さなカードや付せんに書いて、一人一人のボードに貼り出します。

04 成長の見える化

教師が見た、子どもたちの学習活動での頑張りや成長した様子を言葉に書いて掲示します。4月から書き残し、コーナー化しておくのもおすすめです。

避難訓練④（風水害）

ねらい

風水害時における避難訓練を行うことで、風水害に対する理解を深め、身の安全を守る方法を理解する。

指導のポイント

4年生では、自然災害と関連した学習が多くあります。

理科では、「雨水の行方と地面の様子」「天気の様子」の学習があります。社会科では、「自然災害から人々を守る」の学習があります。これらの単元と関連付けて、風水害の恐ろしさを子どもに伝えていく方法もあります。

また、風水害に関する絵本は多くあります。子どもの実態や地域に応じた本を選び、読み聞かせすることも効果的です。

事前指導

「自分の命は自分で守ることが基本」ということを意識付けましょう。当然のことながら、「先生は全力であなたたちを守る」ということは伝えます。しかし、風水害時は予測できないことが起こるため、自分で考えて行動できることの重要性をしっかりと伝えましょう。

まず、風水害には、下記のように、様々な種類があることを紹介しておきましょう。

・津波、高潮　・洪水　・大雨

・竜巻　・突風　・台風

自分たちの学校の地域ではどのような風水害が起こりやすいかを、知っておくことが重要です。

次に、警戒レベル、ハザードマップについても伝えておきましょう。風水害は、大雨が長引いた場合やゲリラ豪雨、台風などによって引き起こされることが多いです。子ども自身が情報機器を用いて、警戒レベルやハザードマップを確認すること、警戒レベルによって避難場所と方法が変わることを学んでおく必要があります。

活動の展開

01 避難の方法を伝える

本時は、学校近くの川の氾濫を想定しての避難訓練とします。まず、災害の状況によって、高台への避難、校舎の上階への避難、保護者の迎えを待つ場合、集団で下校する場合があることを確認します。次に、避難教室での過ごし方についても話しておくとよいです。

02 訓練開始時

決して慌てる必要はありません。廊下に整列して避難を行います。子どもたちには、歩いて移動すること、落ち着いて行動すること、避難経路と避難教室を伝えます。火元の確認を行った後、あらかじめ各校で決まっている避難教室へと移動を開始します。

[災害を知る]

03 避難教室

避難後は、人数と子どもの様子を確認します。避難教室には、多くの人数が集まることになりますので、避難教室での過ごし方の確認や避難後に想定される状況等の指導をします。全体指導がある場合は、教師も担当者の話を真剣に聴く姿勢を示しましょう。

04 事後指導

事後指導では、自分の行動についてふり返りを行います。もし、危険な行為があった場合には、毅然とした指導をします。また、子ども自身に災害時の状況を想像させたり、関連する映像を見せたりしながらふり返るのも効果的です。

授業参観④

ねらい

これまでの10年間で、できるようになったことをふり返り、その過程にあった努力や周りの支えに目を向けられるようにする。そして、自信や感謝の気持ちをもちながらこれから先の10年間の生き方を考える。

指導のポイント

自治体や学校によっては、「２分の１成人式」や「十歳式」という名称で10歳を祝うことがあります。「親への感謝」や「感動」をテーマに行われることが多いですが、この授業参観では「これまでの生き方を見つめ、これからを考える」というテーマで進めます。

子どもたちが育ってきた環境に配慮しながらも、これまでの10年間を前向きに捉えることで、未来に希望をもって歩み出せるようにします。

10年後の
自分へ

◎これまでの10年間で
できるようになったこと
・100m泳げるようになった
・漢字テストで満点
・妹のお世話
・自転車に乗れるようになった
・お手伝いがたくさんできる
ようになった

活動の展開

01 これまでの10年間でできるようになったことを考える

小学校入学前や低学年のときに、心に残った出来事をグループで交流します。今の自分について話すことは恥ずかしいと感じる年頃の子どもたちも、小さい頃の話は活発に話し合うことができる子が多いでしょう。

数名全体で発表してもらった後に、10年間でできるようになったことを具体的に書き出します。学校でできるようになったこと、習い事でできるようになったこと、どんな小さなことでもできるだけたくさん書くように伝えると、子どもたちが成長した実感をもつことができます。

02 できるようになるまでの過程に目を向ける

例えば、「100m泳げるようになった」という発表に対して、「どうして100m泳げるようになったんだろう。その過程には、どんなことがあったと思う？」と全体に問います。できるようになった子どもに聞くのではなく、全体に問うことで、想像を膨らませて考えられるため、多様な意見が出てきます。

できるようになる過程には、「練習」や「人からのアドバイス」、「勉強」、「応援」など、努力や支えがあったことに気付かせます。

これらを基に、10年間でできるようになったことの過程には、どんなことがあったかを、一人一人が具体的に考える時間を取ります。

◎なぜできるようになったの？
・練習をした
・勉強をした
・アドバイスをもらった
・応援してくれる人がいた
・喜んでもらえるとうれしいから
・大きくなったから

努力
支え

これからの10年間を
どう生きる？

◎10年後、どんな自分になりたい？
・かっこいい大人
・夢を叶えていたい
・人を助けられる人になりたい
・大学生でキャンパスライフを満喫したい
・家族みんなで仲良く過ごしていたい

2月

10年後の自分を想像する

二十歳になったとき、どんな自分になっていたいかを考えます。将来の夢がある子は、それに向かってどんなことをしているかを想像し、まだ夢が見つかっていない子は、どんな人になっていたいかを考えるように促します。

ペアやグループで話し合いながら考えることで、思考が広がっていき、将来を豊かに考えられるようになります。また、授業者自身が二十歳のときの話をしたり、参観している保護者の方にお話をしてもらったりすることも、子どもたちにとっては一つのロールモデルとなるので、おすすめです。

04 10年後の自分に手紙を書く

最後は、これからの10年間の生き方に目を向け、二十歳の自分へ手紙を書きます。

手紙には、「10年間でどんなことに挑戦したいか」「周りの人とどう付き合っていくか」「自分への励まし」などを書くように伝えます。手紙は集めないということを告知しておくと、子どもたちは本音で言葉を綴ることができるでしょう。

書き上げた手紙は、封筒に入れて親に預かってもらったり、大切に自分で保管したりするなど、子ども自身が選択します。

自分で綴った言葉が、自分を支える言葉になるように願って、授業を終えます。

学級懇談会④

ねらい

4月の懇談会で示した学級運営の方針をふり返り、子どもたちが集団としてどのように変化したのかを教師の視点で伝え、保護者とともに成長を喜び合う場をつくる。

ポイント

3学期に個人懇談がない学校が多いと思います。ということは、この学級懇談会が担任として保護者と顔を合わせて話をする最後の機会になります。1年間の歩みを総括して伝えられる場になるようにしましょう。もし撮り溜めた写真があれば、話の内容に合わせてモニターに映すようにすると、当時のことを思い出しながらふり返ることができるのでおすすめです。また、来年度に高学年になるということで不安に思う保護者もいます。そういった不安や疑問を交流できる時間も設けるとよいでしょう。もちろん、不安に思うのは子どもたちも同じで、3学期には普段は仲の良い子ども同士がケンカするなど、不安定になることもしばしばあります。そのような様子も保護者に伝え、子どもたちをいっしょにケアできるようにもしましょう。

〔担任から話す内容の例〕
- 3学期の子どもたちの様子
- 4月からの成長（1年間のふり返り）
- 5年生に向けて準備できること（生活面・学習面）

多くの方に参加してもらえるように、事前に学級通信などで保護者に呼びかけをしておきます。5年生に向けて気になることを質問する「質問タイム」を設けることなども宣伝しておくとよいかもしれません。また、当日参加できなかった保護者にも学級通信などで簡単に内容を伝えることができればベターです。

活動の展開

01 3学期の様子を伝える

4年生の締めくくりの時期で、次年度への期待や不安で子どもたちの様子が普段と違ってくることがあります。頑張りに加えて、そのような様子も伝え、子どもの思いを受けとめながら締めくくることができるようにサポート体制を整えます。

02 1年間のふり返りをする

年度初めの学級懇談会（P.48）で伝えた学級運営の方針をふり返り、子どもたちの姿を照らし合わせてどうだったのかを伝えます。「4月と比較して○○な姿が増えた」「○○ができるようになった」と具体的な様子で認められるとよいです。

事前に学級通信などで呼びかけ、多くの人に参加してもらう。質問タイムなどで保護者同士のつながりをさらに促す。後日、参加できなかった方向けにも学級通信などで共有する。

03 5年生に向けての話をする

児童会活動の主体を担う存在になったり、宿泊行事があったりと大きくステップアップする時期です。子どもは求められることが増え、責任の大きさにプレッシャーを感じることも出てきます。学校と保護者の連携がますます重要になる時期であることを伝えたいです。

04 悩み相談タイムをつくる

これまで同様に、保護者全員に話してもらう時間をつくります。テーマを「高学年に向けて思うこと」として、心配ごとなどを共有します。もし、兄姉がいる保護者がいれば、その人に話を振って教えてもらうこともできます。事前にチェックしておきましょう。

3月 1年間の成長を実感し、次学年に向かっていく

▶3月に意識すること

・1年間の成長を実感できるようにする
・次の学年を楽しみにできるようにする

3月の学級経営を充実させるために

●「終わり」と「始まり」がつながる場をつくろう

1年間の終わりということで、係活動、授業、クラブ活動など、様々な場面でふり返ることが多くなるでしょう。その際、「○○が楽しかった」「△△ができるようになってよかった」だけで終わらせないようにしたいものです。「4年生として」を考えることは大切ですが、そのままでは次の「5年生」につながらなくなってしまいます。ふり返るときには、「『5年生ではこうしたいな』というものがありますか？」と問いかけるだけで、子どもたちは「5年生の自分」にも目を向けるようになります。単なる「4年生の終わり」だけでなく「5年生の始まり」を意識できるようにしましょう。

●1年間で自分たちが得たものを意識できるようにしよう

1学期の終わり、2学期の終わりとそれぞれの学期の終わりには自分たちが成長したことに目を向けられるようにしました。それは3学期でも同じです。ただ、「1年間の終わり」ということで、3学期だけでなく1年間に目を向けられるようにします。

もちろん「○○ができるようになった」「△△の面が成長した」という結果も大切です。しかし、その成長した結果に至る過程には様々な試行錯誤があったはずです。その過程にも目を向けられるようにすることで、自分を成長させるものについて意識することができるようになります。そうすることで、5年生でもまた他者とかかわり合いながら成長し続けることができるでしょう。

注意事項

高学年になるにつれて、これまでと違った素振りを見せるようになる子も出てきます。驚くかもしれませんが、それも子どもたちの大切な成長です。まずはそんな姿を「受けとめる」ことを大切にしましょう。

「卒業前の自分」へのメッセージ

▶ねらい

「４年生の終わり」は１回しかありません。そのときの自分がどのようなことを考えていたかを後で思い出すことは難しいでしょう。「今の自分」から「卒業前の自分」へメッセージを残しておくことで、卒業時に自分の変化や成長を改めて実感することができます。

内容

特に大きく盛り上げてこの活動をする必要はありません。いきなり教師から「卒業時の自分へのメッセージを書きましょう」と言われても、子どもたちは「どういうこと？」とキョトンとしてしまうでしょう。

学年末の時期にあれこれ話している際に、先の「卒業時の自分」にも目を向けられるようにします。小学校生活を１年間ごとで区切ることも大切ですが、あえて区切らずに「つなぐ」場面をつくることで、子どもたちの生活が「学年」に縛られないようになります。

〔流れの例〕

①１年間をふり返るような雑談をする
②残りの小学校生活（５・６年生）を想像できるような話をする
③ ②を基に子どもたちと雑談する
④「６年生、卒業前の自分」を想像できるような話をする
⑤「今の自分」から「卒業前の自分」にメッセージを送る活動の提案をする
⑥子どもたちと活動に取り組む

ポイント

・こうした活動には興味があれば取り組むようにしましょう。決して、無理をする必要はありません。
・子どもたちの成長や学校生活の「つながり」を意識することで、日々の学級経営が変わるでしょう。
・子どもたちにとって「１年間の終わり」をいろんな迎え方ができるようにしたいものです。

教室掲示⑪

運動会
・みんなで心を一つにしてダンスをおどって大せいこう！

短冊のイメージ

ねらい

学校行事や、学級での出来事などをふり返ることのできる学級掲示を作成して、１年間の経験を糧に、新学年に向けて気持ちを高める。

指導のポイント

１年を通して、多くの経験を積んできた子どもたちですが、ふり返る機会をつくっても記憶にとどめておくことは容易ではありません。しかし、掲示板を活用すると、できるようになったことや思い出を可視化でき、生活の中で何度も成長を実感することができます。また、目に留まった行事や思い出を友達や先生と話すなど、コミュニケーションも活発になるでしょう。

活動の展開

01 １年間の出来事を思い出す

１年間の出来事をふり返ります。全体では、「運動会」や「学習発表会」などの学校行事を取り上げ、どんなことがあったかを簡単に思い出します。

次に、グループで１年間の出来事を具体的にふり返ります。係活動や思い出に残っている授業、お楽しみ会など、クラスで取り組んだことなら何でもOKです。

思い出した出来事を全体で確認し、４月から３月までを年表のようにして黒板に整理します。

02 １年で一番心に残った出来事を短冊に書く

色画用紙を準備して、短冊形に切っておきます。全員に１枚ずつ配付し、一番心に残っている出来事と、その内容を書きます。

［例］運動会
・みんなで心を一つにしてダンスを
おどって大せいこう！

書き終わった短冊を黒板に磁石で貼ります。もう一枚書きたい人にはどんどん書いてもらいましょう。

最後に、後ろの掲示板に、春→夏→秋→冬の順に短冊を掲示していきます。クラスで撮った写真や、行事の作文などもいっしょに掲示すると、より思い出をふり返ることができるでしょう。

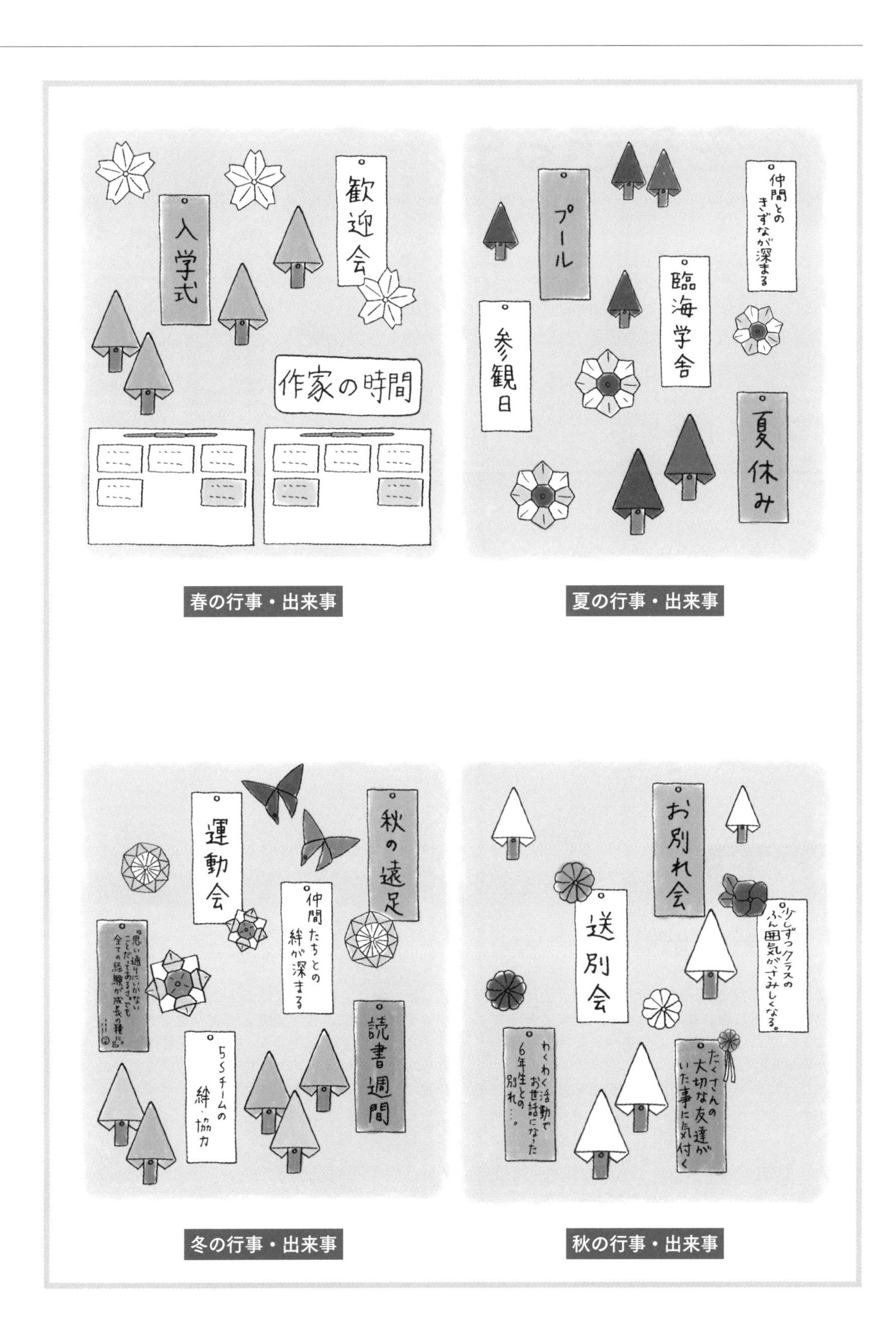

春の行事・出来事

夏の行事・出来事

冬の行事・出来事

秋の行事・出来事

6年生を送る会

音楽の力で伝える

合唱

6年生が過去に歌った曲や、思い出とかかわりのある曲を選び、オンリーワンの合唱に。

ねらい

6年生を送る会に向けての活動を通して、6年生への思いを込めてお祝いすることができる。

指導のポイント

6年生を送る会では、次の点に気を付けた発表にします。

- 全員が参加できるもの
- やりがいを感じるもの
- 子どものアイデアが発揮できるもの
- 6年生が楽しめるもの
- 他の学年と内容が被らないもの
- 確実に指定された時間内で終わるもの

活動の展開

01 何をするか考える

6年生を送る会では、群読や呼びかけ、合唱、合奏など、様々な出し物が考えられます。学年で何をするかを決める際には、子どもの実態や6年生との関わりなどから考えるとよいです。

例えば、この学年（4年生）の子どもたちは何が得意なのか、この子たちらしさが発揮できるかで考えてもよいです。これまでの学習で、6年生にプレゼンテーションをしてもらったことがあるならば、お返しとしてプレゼンテーションで発表するという考え方もよいと思います。

02 学級代表と打ち合わせ

出し物は、最終的に子どもの意見を踏まえて決めるようにします。各学級でどのようなものをしたいか自由に考えてもよいですが、選択肢を提示すると子どもたちは考えやすいです。また、各学級からの意見が出揃ったところで、先生と学級代表で打ち合わせをすることをおすすめします。話し合うことは、何をするか、どのような内容にするか、どのような役割が必要かといったことです。主に子ども中心で進めますが、練習時間はどの程度あるか、取り組んでいく上で難しい面や想定しておくことなどは教師から伝えましょう。

資料の準備で学年全体で団結

スライドショー

６年生に助けてもらった場面やかかわりの多かった行事をふり返り、自分が６年生になったときも想起する。

感謝を伝える表現を工夫する

呼びかけ・群読

どんな言葉を言われたらうれしいか、どんな感謝を伝えたいかを考え、意見を共有してきめる。

3月

03 卒業式と違った練習雰囲気に

卒業式と６年生を送る会は違います。練習の雰囲気も違ってきます。卒業式の練習では、緊張感が重要です。しかし、６年生を送る会での練習は、卒業式の練習に比べると、緊張感は少なめでよいです。その分、子どもたちの自主性を重んじた練習にできるとよいです。例えば、全体指導の中で「この部分の呼びかけは〇〇さんが考えたものです。６年生への気持ちが表れた素晴らしいものだと感じました」というような声かけをしていきます。「考えてよかった」「やってよかった」という雰囲気で練習を進めていきましょう。

04 ６年生の発表を見て

６年生を送る会では、６年生からの発表もあることが多いと思います。きっと素晴らしい発表が披露されることでしょう。会の後、教室で「６年生の発表、どうだった？」と投げかけてみましょう。６年生が発表している間、４年生の様子を撮影しておくと、発表に見入っている子どもの表情を見返せてよいです。

できれば、手紙や動画などで発表に対する感想を６年生に届けたいものです。６年生と触れ合うことで返事などをもらえれば、４年生は「６年生になったら自分たちも…」という気持ちになります。

卒業式

ねらい

5年生とともに、在校生代表として卒業生の節目を祝うことで、高学年としての自覚と他者へ貢献することのよさを感じられるようにする。

心構えを語る

5年生とともに、在校生の代表として4年生の子どもたちは、初めて卒業式に出席します。そこで、子どもが卒業式の意義や卒業生にとって節目の場であることを感じられるような指導をしていきましょう。

そのためには、最初に、心構えについて語りましょう。子どもたちが卒業式の意義を理解できると、練習から真剣に取り組みます。4年生にとっても、卒業式は、フォーマルな場に相応しい行動を学ぶ機会となります。

憧れの6年生を見つけよう

練習の最初には「6年生にとって、卒業式はどのような場であるか」を子どもたちに伝えます。主には、下記の3点を伝えます。

① 6年間の積み重ねが表れる場であること
② 共に小学校生活を過ごしてきた仲間と行う最後の行事であること
③ 次のステージに向けての節目の式であること

このようなことを常に子どもたちに意識させながら練習に取り組んでいきましょう。さらに、6年生と合同で練習が行われる前には、次のようなことを伝えます。

① 2年後には、自分も6年生と同じ舞台に立つこと
② 卒業式のとき、自分が誰のようになっていたいか

卒業式に向けての練習では、6年生の真剣な姿を見ることが、4年生にとって最大の学びとなるはずです。

活動の展開

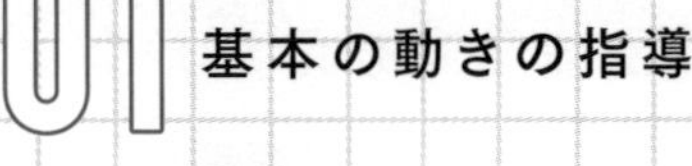

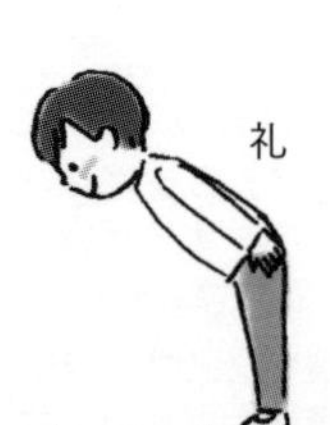

卒業式の練習では、1回目の指導が重要です。ここで、座り方や姿勢、礼の仕方といった基本動作を具体的に指導します。例えば、「気をつけ」では、「『気をつけ』のときの手は、薬指に力を入れ、ズボンの縫い目に合わせ、指先まで伸ばします」というように伝えます。

02 「静」と「動」の指導

子どもが「静」と「動」を意識できるようにします。そのためには、全員で沈黙の場をつくるなどして、「静」を体感させることが重要です。また、起立などの動作や呼びかけといった「動」の面では、はっきり力強く行うことでメリハリが付くことを指導します。

03 学級での個人指導

学級では、全体練習で確認できなかった細かい部分の指導に重点をおきます。時間をかける必要はありません。短時間で、ペアでお互いの姿勢を確認するなどをします。その間に、個別で声かけが必要な子どもへ指導をします。

04 卒業式後のふり返り

卒業式の後に、ふり返りを行います。多くの時間は必要ありません。子どもが高学年としての自覚や１日の大切さを改めて感じられるような場にします。例えば、式の感想を伝え合ったり、舞台に立っている２年後の自分の姿を想像させたりしましょう。

保護者との関わり③

ねらい

キャリア・パスポートを通じた保護者とのやり取りによって、子どもの成長や願いを共有するとともに、5年生へのステップアップに向けた協力体制を築く。

ポイント

1年間の締めくくりの時期。子どもの成長や頑張りを保護者と共有し、喜び合いたいものです。しかしながら、3学期に個人懇談会がない学校は少なくありません。保護者との関わり①②（P.82、138）の内容も無理なく実践しつつ、キャリア・パスポートを通したやり取りも取り入れ、1年間の締めくくりをしましょう。子どもが書いたキャリア・パスポートを持ち帰るようにし、書かれた内容に対して保護者からコメントをもらうようにします。可能であれば事前に、キャリア・パスポートを持ち帰ることと、読んだ後にコメントかサインを書いてほしいことを学級通信などで伝えておくとよいでしょう。保護者のコメントが入ったキャリア・パスポートを読み、教師からも一言メッセージを書いて子どもに渡します。一人一人名前を呼び、以下のような一言を添えながら手渡すとよいでしょう。子どもはきっと励まされますし、5年生でも頑張ろうという気持ちをもてるはずです。

- ◯◯さんの優しい姿がたくさん見られた1年間だったよ。
- ◯◯さんが、～している姿が先生は大好きでしたよ。
- ◯◯さんはきっと～な5年生になると思う。応援しているね。
- ◯◯さんの素敵なところは～だと思うよ。5年生でも頑張ってね。

保護者のコメントを読んだ後に、電話や一筆箋などで「5年生になっても応援しています」といったメッセージを伝えてもよいですね。

活動の展開

01 〔子ども〕1年間をふり返る

キャリア・パスポートを書くことが目的ではなく、1年間をふり返って思うことを記すことが大切です。まずは「この1年間で特に頑張ったことは何ですか？」「この1年間でできるようになったことは何ですか？」と問いかけ、1年間をふり返るようにしましょう。しばらく時間を取ってから「頭に浮かんだことをキャリア・パスポートに書いてみましょう」と伝えて書くようにします。そのとき、保護者にも読んでもらうことを伝えます。きっと「え～！」という反応が返ってきますが、誰かに読んでもらうという意識と緊張感をもって書くことは大切です。もちろん担任も読んでコメントすることも話しておきます。

02 〔保護者〕コメントをもらう

〔事前に〕

学級通信などで「子どもが持ち帰るキャリア・パスポートを読んでいただき、励ましのコメントを書いてもらえるとうれしいです」などと伝えておきます。5年生に向けて「よし、頑張るぞ」と子どもが思えるきっかけにできるようにしましょう。

〔事後に〕

保護者から返ったらコメントを読み、教師からのメッセージを書きます。キャリア・パスポートを読めば、保護者・教師が見守っているということが子どもに伝わることでしょう。保護者のコメントを読んだ感想などを電話や一筆箋で伝えてもよいでしょう。

４年生の１年間をふり返ろう！

この１年で、特に頑張ったことは？

この1年で、できるようになったことは？

これらのがんばりや
けいけんが５年生に
つながります。

こんな５年生になりたい！

先生より

お家の人などから

学期末学級会③

ねらい

この1年間、同じ学級の一員として頑張ってきた仲間を大切にしながら、5年生に向けて自分たちで学級会を運営する力を育む。

指導のポイント

いよいよ3学期最後、学年末の学級会です。子どもたちも「楽しさ」よりも「名残惜しさ」が募ることと思います。この学級会こそ、「ああ、この学級でよかった」と思えるように、丁寧に話し合い活動を行いましょう。子どもたちから、思い出づくりとしての意見がたくさん出てくると思います。形として思い出に残るものを選ぶこともよいですね。

自分たちで運営するおもしろさへ

4年生の3学期末、学級会や集会活動では、教師の手から少し離れ、自分たちだけで会を運営してみることに挑戦するとよいでしょう。

教師はあくまでもアドバイザーとして見守ります。四苦八苦する様子も見られることでしょう。そのときこそ、これまでに課題をどのように解決してきたか思い出し、やってみることが大切です。

5年生になると、委員会活動や異学年交流などで学校全体のために活動することが増えていきます。また、担任の教師ではない他の先生との交流も増えていくことでしょう。

これまで1年間の感謝の気持ちを込めて、お世話になった先生方を招待するなどの工夫も取り入れることができますね。

自分たちだけで運営したときの充実感や達成感を味わい、喜ぶ姿を見ると、サポートした立場としてもとてもうれしくなります。

活動の展開

01 学級会の準備をする

どんな会にするか考えます。

2学期までの活動をふり返りながら、自分たちで計画・準備を進めます。あくまでも教師はアドバイザーとして見守ります。うまくいかないときこそ、子どもたちに「これまでどうしたかな?」と問いかけましょう。

02 学級会をする

子どもたちから多く出てくる意見に、

- これまでに行ったレクリエーション
- 新しくやってみたいゲームやレク活動
- 思い出の作品づくり
- お世話になった先生方を招待する

などが出てきます。最後の集会活動と思うと、欲張ってしまいがちです。限られた時間での準備と実践になるので、一人一人の理由や思いを確かめながら、折り合いを付けて決めるようにしましょう。

思い出の品づくりでは、お金がかかるものが出てきます。学級費の予算も影響しますので、事前に保護者や管理職に相談・確認をしましょう。

自分たちだけで運営し、成長を実感できる機会にする。

03 事後活動を行う

集会に向けた準備や、集会活動でも、自分たちだけで運営するように見守りましょう。このとき、一人一人の役割分担や協力し合う様子を観察し、担任の先生はこれまでの成長をたくさん見つけるようにしましょう。

04 1年間の成長を認める

この1年間を通して、自分たちで取り組むことができるようになったこと、お互いの考えや思いを大切にしてきたことなどを教師や子どもたち同士で紹介しましょう。よりよい集団づくりができたという達成感、充実感を味わえます。

学級じまい・修了式

ねらい

1年間の成長をふり返り、自らや学級の成長を実感するとともに、進級への意欲を高める。

指導のポイント

学年末には2つのことを意識します。

①1年間の成長を確かめる

4年生は自分のことを客観的に見つめられるようになってくる時期です。成長を味わい、自分や友達、学級の成長を確かめ、1年間の充実感や満足感が得られるようにしましょう。学級全体では事前の個々のふり返りを共有したり、行事予定や写真などを使って、想起したりすると効果的です。自らの成長を実感し、それを5年生への自信や意欲につなげ、「どんな5年生になりたいか」に向かいます。

②進級に向けて前向きな気持ちをもつ

成長を確かめる中で、5年生に生かせそうなことを話し合ったり、5年生での活動を伝え、力が発揮できる場面を考えたりします。委員会では学校全体をよりよくするために活動することなどは子どもたちの意欲につながります。

学級全体で共有するとともに、通知表配付時に、一人一人への思いを伝える場をもちましょう。思春期に差しかかり、環境の変化に不安を感じる子もいます。今まで見なかった姿に保護者の方も心配することもあります。気持ちよく年度末を終え、進級できるよう、一人一人に寄り添い、関わっていくことが大切です。

活動の展開

01 修了式のねらいを伝える

全校朝会や儀式的行事で積み上げてきた参加態度を発揮する場であることや、4年生のまとめの式であるとともに、5年生に向かう式であることを伝えます。その上で、「どのようなことを意識したらよいか」を子どもに問うことで、より最後の育ちにつながります。

02 通知表を来年度につなげる

通知表を渡す際にも4年生の発達段階や育ちを生かし、来年度につなげる場としましょう。まずは、何も言わずに全員に通知表を渡します。一人一人が○の個数ではなく、自分の成長や課題と向き合う場を設定しましょう。しばらくしてから、一人一人と話をします。子どもたちは自分の手応えと比較し、自分なりの来年度の思いを話してきたり、評価に対して質問してきたりします。教師は子どもたちの思いに寄り添い、コーチングしていくとよいでしょう。その上で、その子のよさや期待することを伝えましょう。

実態に応じて、事前に評価について話しておいたり、自分なりに通知表を付けたりする方法もあります。

3月

03 どの環境でもやれる自信を

先生や友達、環境が変わることに不安を感じている子が多くいます。その際は、今までの成長を確かめながら、「来年やれてこそ本物の力」だと子どもたちの心に火を付けましょう。どのような環境でも力を発揮してほしいという願いを伝えます。

04 笑顔で終わる学期末に

次年度への不安や期待、興奮が混じった最終日は、一番の笑顔で帰すことを心がけましょう。お楽しみ会をしたり、1年をふり返ったりして満足感が得られる1日とします。
〔活動例〕成長発表会、黒板メッセージ、
修了証手渡し、お楽しみ会

編著者・執筆者紹介

【編著者】

若松　俊介（わかまつ　しゅんすけ）

京都教育大学附属桃山小学校教諭。「子どもが生きる」をテーマに研究、実践を積み重ねている。国語教師竹の会運営委員/授業力&学級づくり研究会員。『教師のための「支え方」の技術』（明治図書）など著書多数。

樋口　綾香（ひぐち　あやか）

大阪府池田市立神田小学校教諭。兵庫県生まれ。大阪教育大学を卒業後、大阪府公立小学校、大阪教育大学附属池田小学校を経て現職。関西国語授業研究会、授業力＆学級づくり研究会所属。

主な著書に『子どもの気づきを引き出す！国語授業の構造的板書』（学陽書房）がある。

【執筆者】（執筆順）

若松　俊介　（前掲）

p.8-9/16-17/20-21/44-45/52-53/66-67/84-85/98-99/108-109/120-121/126-127/140-141/152-153/164-165/176-177/186-187

樋口　綾香　（前掲）

p.10-11/12-13/14-15/68-69/72-73/110-111/116-117/142-143/146-147/148-149/154-155/166-167/172-173/182-183/188-189

佐野　陽平（さの　ようへい）　大阪府大阪市立本田小学校

p.22-23/34-35/62-63/64-65/70-71/78-79/88-89/100-101/114-115/122-123/124-125/170-171/174-175/180-181/190-191/192-193

小倉　美佐枝（おぐら　みさえ）　佐賀県唐津市立入野小学校

p.24-25/46-47/54-55/56-57/58-59/74-75/86-87/92-93/128-129/130-131/144-145/150-151/156-157/160-161/178-179/196-197

坂本　亜姫奈（さかもと　あきな）　北海道札幌市立伏見小学校

p.26-27/30-31/32-33/36-37/38-39/40-41/94-95/96-97/102-103/104-105/106-107/112-113/134-135/162-163/168-169/198-199

永井　健太（ながい　けんた）　大阪府大阪市立明治小学校

p.28-29/42-43/48-49/50-51/60-61/76-77/80-81/82-83/90-91/118-119/132-133/136-137/138-139/158-159/184-185/194-195

カスタマーレビュー募集

本書をお読みになった感想を下記サイトにお寄せ下さい。レビューいただいた方には特典がございます。

https://www.toyokan.co.jp/products/5126

イラストで見る
全活動・全行事の学級経営のすべて
小学校4年

2023年(令和5年)3月20日　初版第1刷発行

編著者：若松　俊介・樋口　綾香
発行者：錦織　圭之介
発行所：株式会社東洋館出版社
〒101-0054　東京都千代田区神田錦町2丁目9番1号
コンフォール安田ビル2階
代　表　電話03-6778-4343　FAX03-5281-8091
営業部　電話03-6778-7278　FAX03-5281-8092
振　替　00180-7-96823
URL　https://www.toyokan.co.jp

装丁デザイン：小口翔平＋須貝美咲（tobufune）
本文デザイン・組版：株式会社明昌堂
イラスト：赤川ちかこ（オセロ）
印刷・製本：株式会社シナノ

ISBN978-4-491-05126-0　Printed in Japan